みんなちがって、それでいい

パラ陸上から私が教わったこと

監修・重本沙絵
著・宮崎恵理

▲ 2017年、ロンドンで行われた世界選手権《せかいせんしゅけん》の 400メートルで銅《どう》メダルを獲得《かくとく》。日の丸の旗《はた》を手に、スタンドの声援《せいえん》に笑顔《えがお》でこたえます。

写真：越智貴雄／カンパラプレス

幼少時代《ようしょうじだい》

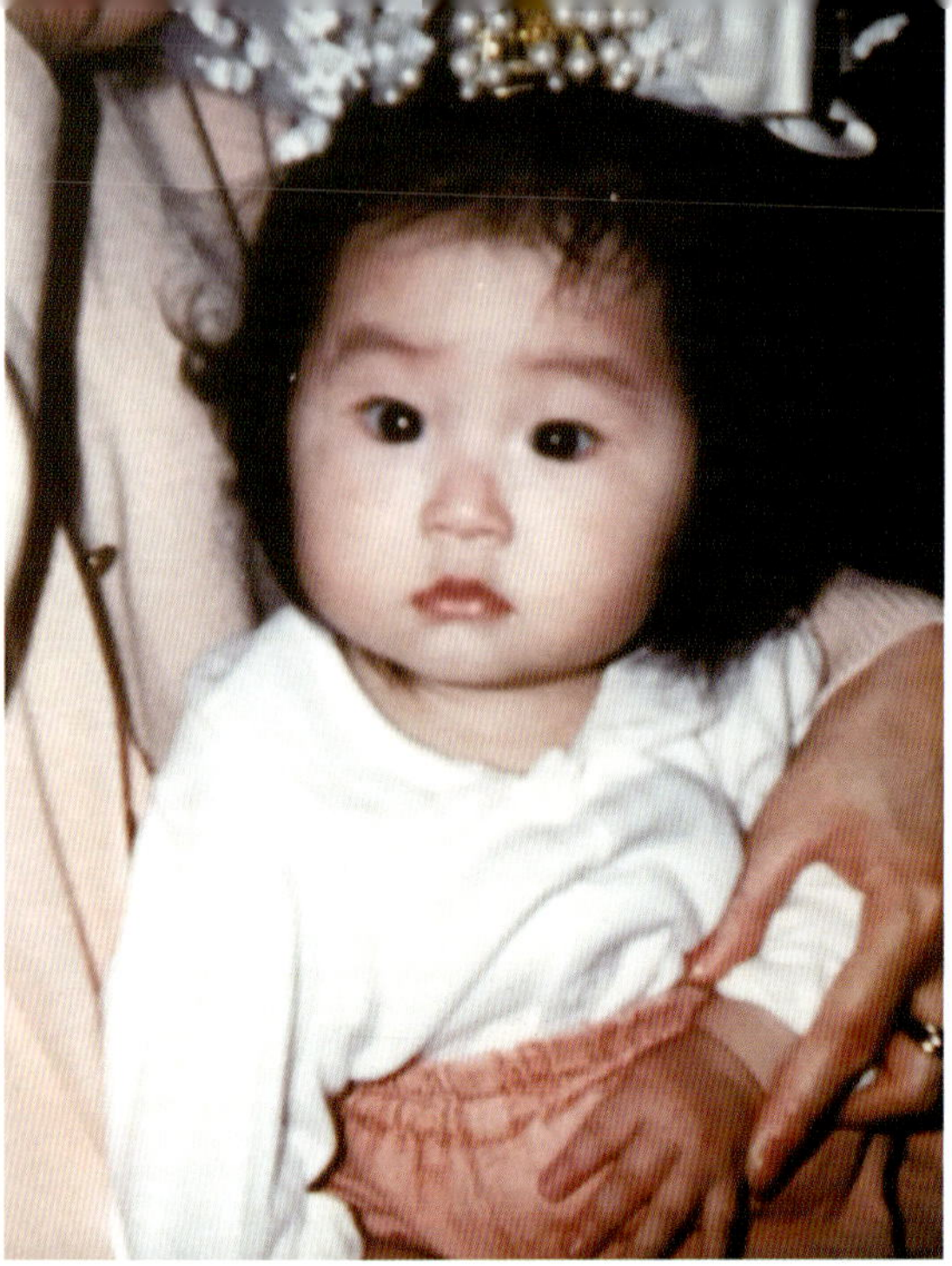

◀愛《あい》くるしい瞳《ひとみ》の沙絵《さえ》は、辻家《つじけ》の次女として生まれました。

▶３歳《さい》のとき、ウエディングドレスを着て七五三の記念《きねん》撮影《さつえい》。外を走りまわるのが好《す》きでしたが、おしゃれも大好きな子どもでした。

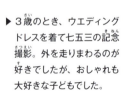

中学時代

▶函館《はこだて》市《し》立《りつ》本通《ほんどおり》中学校では
ハンドボール部に所属《しょぞく》。
全国大会に出場した沙絵《さえ》
（写真・右）は、ボールへ
の執着心《しゅうちゃくしん》とスピードを武《ぶ》
器《き》に、チームを引っぱり
ました。

▲中学時代の恩師《おんし》・小林礼《こばやしれい》先生（写真・中央）。小柄《こがら》な体に大きな声で、
沙絵《さえ》（写真・左から２人目）やチームメートをきびしく指導《しどう》しました。

高校時代

▶ハンドボールの強豪校《きょうごうこう》、茨城県立水海道二高《いばらきけんりつみつかいどうにこう》に進学。けがになやまされ、思うようにプレーできない日が続《つづ》きましたが、ハンドボールへの熱意《ねつい》はさめませんでした。

大学入学

◀高校を卒業《そつぎょう》した沙絵《さえ》は、体育教《きょう》師《し》を目指して日本体育大学《にっぽんたいいくだいがく》に進学。ハンドボールを続《つづ》けました。

初《はじ》めての寮《りょう》生活

▲ 大学では、学校内にある寮《りょう》で、他の学生たちと生活をともにします。

▼ 寮《りょう》の部屋には、大会で獲得《かくとく》したメダルや寄《よ》せ書きなどが、
かべ一面に飾《かざ》られています。

パラ陸上《りくじょう》の道へ

◀大学３年生のとき、沙絵《さえ》はパラ陸上《りくじょう》と出会います。わずかな期間で、沙絵は、大会や記録会《きろくかい》で好《こう》成績《せいせき》を残《のこ》すまでに成長《せいちょう》します。

▶ドバイ（アラブ首長国連邦《しゅちょうこくれんぽう》）での国際《こくさい》大会、400メートルで金メダルを獲得《かくとく》。沙絵《さえ》は、この大会でリオデジャネイロパラリンピックの出場を決めました。

◀リオデジャネイロパラリンピックの400メートル。沙絵《さえ》は３位《い》でゴール。銅《どう》メダルを獲得《かくとく》します。

写真：越智貴雄／カンパラプレス

Rio2016
Bradesco
TSUJI
3

▲パラリンピック銅《どう》メダリストとしてのぞんだ、ロンドンの世界選手権《せんしゅけん》。プレッシャーに打ちかち、400メートルを走りぬきます。

写真：越智貴雄／カンパラプレス

▲レース後、スタンドの水野洋子監督《みずのようこかんとく》と抱《だ》きあう沙絵《さえ》。

みんなちがって、それでいい

ポプラ社

みんなちがって、それでいい
パラ陸上から私が教わったこと

もくじ

はじめに

二〇一六年九月。南米《なんべい》にあるブラジル・リオデジャネイロで、パラリンピックがはじまりました。百五十九の国と地域《ちいき》から四千三百三十三名の選手《せんしゅ》が参加《さんか》し、二十二競技《きょうぎ》が行われます。日本は、選手百三十二名（選手団総勢《せんしゅだんそうぜい》二三十名）が参加しました。

ブラジルの九月は、日本でいえば春。三月くらいのイメージです。でも、日中に照《て》りつける太陽は、まるで真夏。真《ま》っ青《さお》な空が大きく広がり、パラリンピックの会場は、リゾートを楽しむかのようなT《ティー》シャツやタンクトップ姿《すがた》の観《かん》客《きゃく》でいっぱいです。

どの競技会場にも、たくさんのブラジル人サポーターが押《お》しかけていました。入口でも観客席《かんきゃくせき》でも、パラリンピックマスコット〝トム〟をモチーフにした派《は》手《で》なグリーンの帽子《ぼうし》をかぶった人や、ブラジルの応援《おうえん》カラー、カナリアイエローのウエアを身につけた人たちが、競技がはじまる前からサンバホイッスルを吹《ふ》きならして陽気におどっています。お祭り気分はいっそうもりあがっていました。

陸上競技《りくじょうきょうぎ》は、オリンピックと同じように夏のパラリンピックの中でも、人気の高い競技です。

九月十四日。腕《うで》に障《しょう》がいがあるクラス（T《ティー》47）、女子四〇〇メートル決勝が行われます。夕方からはじまる決勝戦《けっしょうせん》を見ようと、競技会場であるマラカナン・オリンピックスタジアムには、多くの観客《かんきゃく》が集まっています。

その四〇〇メートル決勝に、日本の辻《つじ》（当時は結婚《けっこん》前だったので「辻」の名字でした）沙絵《さえ》選手《せんしゅ》が予選を勝ちぬいて出場していました。

辻選手は、生まれつき右腕のひじから先がありません。小学生のときから大学三年生までハンドボールの選手として活躍《かつやく》してきました。辻選手が障がい者の陸上競技をはじめてから一年三か月。この大会は、初《はじ》めて出場するパラリンピックです。

スタート前に名前をコールされた辻選手は、小さく左手をあげて観客の声援《せいえん》に応《こた》えていました。引きしまった表情《ひょうじょう》。いつもニコニコ、笑顔《えがお》が印象的《いんしょうてき》な辻選手ですが、スタート直前はまるで武士《ぶし》のような気迫《きはく》に満《み》ちあふれています。

「オン・ヨア・マークス（位置《いち》について）」

審判《しんぱん》の声に、辻選手《つじせんしゅ》がスタート準備《じゅんび》をします。

「セット（用意）」

パーンという号砲《ごうほう》とともに、選手が一斉《いっせい》にスタートしました。辻選手はトラック内側《うちがわ》から三番目のレーンです。内側を走る選手は外側の選手より後方からスタートします。ですから、スタートから前半、辻選手は外側を走る選手の背中《せなか》をおいかけるように走っていきました。

最後《さいご》のコーナーを回るとき、外側を走る選手においついた辻選手は、そこからいっきにラストスパートをかけます。そして、ゴール。辻選手は、中国《ちゅうごく》、南《みなみ》アフリカの選手に続《つづ》き銅《どう》メダルを獲得《かくとく》しました。

陸上競技場《りくじょうきょうぎじょう》のスタンドをうめつくす観客《かんきゃく》は、みんな立ちあがり拍手《はくしゅ》を送っていました。

日本チームのスタッフから日の丸の旗《はた》を受けとった辻選手が、一位《い》の選手、二位《い》の選手《せんしゅ》と一緒《いっしょ》にトラックをゆっくりウイニングランしました。弾《はじ》けるような笑顔《えがお》ですが、その目には涙《なみだ》が光っています。

「パラリンピックの陸上競技《りくじょうきょうぎ》をはじめてから、ずっとメダルを目標《もくひょう》にやってきたので……」

終わってすぐのインタビューで、辻選手《つじせんしゅ》は言葉につまりました。

「……だから、すごく、うれしいです！」

あふれる涙を左手でぬぐいながら、やっぱり笑顔で答えました。

「いろんな人に応援《おうえん》してもらって、自分がくじけそうなときにも〝大丈夫《だいじょうぶ》〟とはげましてくださった。たくさんの人たちに支《ささ》えてもらった結果《けっか》です」

リオデジャネイロパラリンピックの陸上競技で日本のヒロインが誕生《たんじょう》しました。辻選手は、その後も快進撃《かいしんげき》を続《つづ》け、一年後にイギリス・ロンドンで行われたパラ陸上競技の世界選手権《せんしゅけん》で、再《ふたた》び銅《どう》メダルを獲得《かくとく》しています。

辻選手が手にした二個《こ》の銅メダルは、どんな宝石《ほうせき》にも負けない輝《かがや》きに満《み》ちています。ハンドボールの選手から、パラリンピアン（パラリンピックの競技者）へ。その道のりは決して平坦《へいたん》なものではありませんでした。最初《さいしょ》に障《しょう》がい者のスポーツである「パラリンピック」に転向しないかと提案《ていあん》されたときには、大きな悲しみや怒《いか》りが込《こ》みあげてきました。そこから、辻選手《つじせんしゅ》は、どんなふうに競技《きょうぎ》に取りくみ、銅《どう》メダルを獲得《かくとく》するまでにいたったのでしょうか。

これは、小さいときから自分の大好《だいす》きなことに夢中《むちゅう》で取りくんできた、辻沙《さ》絵《え》選手の物語です。家族や学校の先生、たくさんの友だち。いろいろな人との出会いを大切にして、困難《こんなん》なことを乗りこえてきました。辻選手の歩みと思いを、一緒《いっしょ》にたどっていきましょう。

1章　右腕《みぎうで》の短い女の子

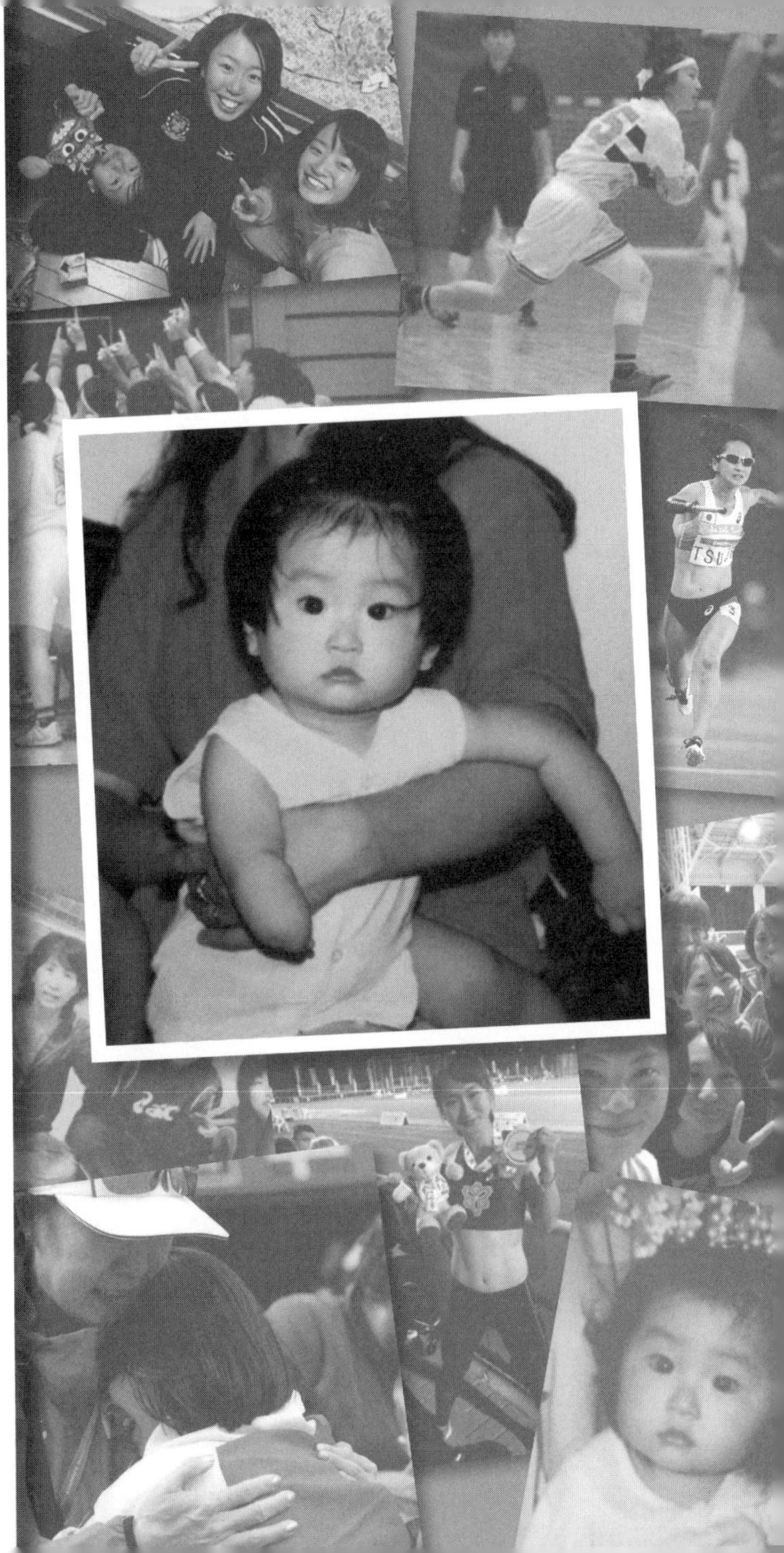

きっと、幸せな結婚《けっこん》ができる！

一九九四年十月二十八日、北海道七飯町《ほっかいどうななえちょう》にひとりの女の子が生まれました。名前は、辻沙絵《つじさえ》。

愛《あい》くるしい瞳《ひとみ》で両親をかわるがわる見つめる赤ちゃんでしたが、その姿《すがた》を見て、母は、とてもおどろきました。

その子には、生まれたときから右腕《みぎうで》のひじから先がなかったのです。

「この子はどうやってハイハイするのだろう？」

「どうやってお茶碗《ちゃわん》を持って、ご飯《はん》を食べるのだろう？」

右腕が短いことへの不安《ふあん》がわいてきます。

「……でも」

生まれたばかりの女の子の成長《せいちょう》をイメージしながら、母はふっとほほえみました。

「この子には左手がある。だから左の薬指に指輪《ゆびわ》をつけることができる。きっと幸せな結婚《けっこん》ができる！」

と、大きなよろこびを感じたのです。

ただ、悲しいこともありました。出産《しゅっさん》のお祝《いわ》いにきてくれた人たちが、沙絵《さえ》に片腕《かたうで》が短いことがわかると、〝おめでとう〟という言葉を飲みこんでしまうのです。

腕がないこの子は、将来《しょうらい》、どうやって生きていくのだろうか。障《しょう》がいのことをよく知らない大人《おとな》たちは、だれもがとまどってしまい「おめでとう」という言葉をわすれてしまったのです。

父もまた、とまどった人たちの中のひとりです。しかし、沙絵の誕生《たんじょう》に、よろこびで胸《むね》がいっぱいでした。

「障がいがこの子のすべてではない。この子はとても大切な、ぼくの娘《むすめ》なんだ」という思いを込《こ》めて、その子に〝沙絵〟という名前をつけました。

さんずいに少ないと書く〝沙〟には、波うち際《ぎわ》にある丸い石という意味があります。石は波に打たれて長い年月をかけて丸くなりみがかれていきます。

〝絵〟は、絵画を指しています。絵筆は片手《かたて》で持つことができ、絵画は見る人に感動や勇気《ゆうき》をあたえてくれます。

自分の人生をみがき、人に感動や勇気をあたえる人になってほしいという思いを、父はこの名前に込《こ》めたのでした。

「自分の名前には両親からの愛情《あいじょう》がつまっています」

沙絵《さえ》は子どものころから、そして大人《おとな》になったいまも、自分の名前を大切にしています。

幼《おさな》いころの沙絵は、とても活発でした。

「せっかく〝絵〟という字を名前につけてくれたけど、実際《じっさい》には家でじっと絵を描《か》いたりするのは苦手でしたね」

と、沙絵は幼いころの自分を振《ふ》りかえります。絵を描いたり本を読んだりするよりも、もっぱら外で遊ぶのが好《す》き！　という少女だったのです。

沙絵が育った七飯町《ななえちょう》は函館市《はこだてし》に近い小さい町で、家の近くには山がある自然《しぜん》が豊《ゆた》かなところ。沙絵は木登りが得意《とくい》で、近所にあるサクランボの木に登って実を食べるようなおてんばでした。

男の子にまじって自分の家や倉庫《そうこ》の屋根の上に登り、秘密基地《ひみつきち》を作るなど、ときには両親をハラハラさせるようなこともありました。五歳《さい》年上の姉は家の中でおままごとを楽しむような女の子でしたが、沙絵《さえ》は外に出て、男の子と一日中おいかけっこをする子ども時代をすごします。

「かけっこだったら、絶対《ぜったい》にだれにも負けないぞ」

近所の男の子とのかけっこ勝負でも、いつも沙絵が一番です。友だちとの勝負で一番になると、近所の犬にまでかけっこの勝負を挑《いど》むこともありました。人間の子どもが、元気な犬のスピードにおいつけるはずがありません。それでも負けずぎらいな沙絵は、

「くやしい！」

と、真剣《しんけん》に涙《なみだ》をながしていました。

いつでも走って、空に向かって笑《わら》っている。沙絵は、そんな太陽のような女の子だったのです。

手が生えてこない!

両親も、姉も、いつも一緒《いっしょ》に遊ぶ友だちも、みんなの右腕《みぎうで》には左側《ひだりがわ》と同じように、てのひらや指があります。

「手は生えてくるもの」

そう、三歳《さい》の沙絵《さえ》は考えていました。

両親に、

「沙絵の手はそのうち生えてくる?」

とたずねると、母は、

「うーん、生えてくるかもしれないし、生えてこないかもしれないね」

と、あいまいに答えるばかり。それでも沙絵は、大きくなったら生えてくる、いまはまだ成長《せいちょう》が遅《おく》れているだけなんだ、と信《しん》じて疑《うたが》いませんでした。

ところが、三歳年下の弟が生まれたとき、沙絵は真実を知ることになります。

「あ、右手がある。最初《さいしょ》から両手がある!」

病院から母とともに家にもどってきた弟の姿《すがた》を見て、衝撃《しょうげき》を受けました。

「どうして、手が生えてくるかもしれないってうそをついたの？」

沙絵《さえ》は火がついたように泣《な》きじゃくり、母にしがみついて母の胸《むね》を何度も何度もたたきました。

「腕《うで》がなくたって、沙絵は沙絵だからね」

母は、沙絵をしっかり抱《だ》きしめて思う存分《ぞんぶん》泣かせてやりました。泣いて、泣いて、そうしてくたびれていつしか眠《ねむ》りに落ちた沙絵を、母は静《しず》かに布団《ふとん》に寝《ね》かせました。

翌朝《よくちょう》、目が覚《さ》めると沙絵は、

「そうか。手は生えてこないんだ。伸《の》びてくることはないんだ」

と、小さい体で理解《りかい》していました。母が思いきり泣かせてくれたことで、沙絵はしっかり前を向くことができたのです。

手は生えてこないけれども、自分で努力《どりょく》してできないことをへらしていけばいい。走ることはだれにも負けないし、右手がなくたって、みんなと同じようになんでもできる。練習すればできないことなど、きっとひとつもない。そんなふうに心に覚悟《かくご》を持って、沙絵《さえ》は、左手のこぶしをぐっと握《にぎ》りしめました。

他の子にできることは自分にもできる

小学校に入学すると、沙絵の負けずぎらいは勉強でも発揮《はっき》されました。たとえば、シールあつめ。授業《じゅぎょう》で教科書を読みあげると、ひとつシールがもらえます。シールは、宿題を学校に提出《ていしゅつ》したときにも貼《は》ってもらえました。シールがほしくて授業中も宿題もがんばっていると、ノートがシールでいっぱいになっていきます。

友だちのノートと見くらべて、

「よし、私《わたし》の方がシールが多いぞ!」

と、思わずガッツポーズ。勉強でも、もちろんかけっこでも、沙絵はいつも一番を目指していました。

小学校に上がると、校庭の鉄ぼうでみんなが逆上《さかあ》がりの練習をはじめます。沙絵も同じように昼休みや放課後には鉄ぼうに向かいました。

さすがに鉄ぼうは片手《かたて》ではできないとあきらめてしまいそうですが、沙絵《さえ》にはそんな気持ちは少しもありません。

左手はみんなと同じように逆手《さかて》にして、右腕《みぎうで》はひじの内側《うちがわ》を鉄ぼうに引っかけます。そして、

「えいっ！」

と両足を上げるると、くるりと逆上《さかあ》がりができました。逆上がりができたら、次は足かけまわりです。

「はい、前まわり！」

「はい、後ろまわり！」

くるくるると、何回まわれるかを友だちと競《きそ》いあいました。他の子どもたちにできて、自分にできないことはない。それが沙絵のプライドだったのです。

一輪車《いちりんしゃ》がはやったときにも、

「友だちと同じものがほしい！」

と、母におねだりして買ってもらいました。

ところが、一輪車は沙絵が思っていたほどかんたんではありませんでした。

「あれ、フラフラして全然《ぜんぜん》乗れない！」

腕《うで》の長さがちがうとバランスをとるのがむずかしく、なかなかスムーズに乗ることができません。一週間たっても、ちっとも乗れない自分にいらだってきました。

「もう、こんなの、やらない！」

いつでも「他の子にできることは自分にもできる」と信《しん》じて練習しつづける沙絵《さえ》ですが、このときばかりは、自分に腹《はら》を立てて、一輪車《いちりんしゃ》を投げだしてしまいました。

しかし、友だちがスイスイと一輪車を乗りまわしている姿《すがた》を見ると、くやしさが込《こ》みあげてきます。

「どうして、私《わたし》だけできないんだろう」

一輪車を放りだしてから二週間。自分の一輪車をそっと出して、だれにも見つからないように練習をはじめました。すると、ある日。

「あ、できた！　こうすれば進める！」

スーッと一輪車が動きました。一度コツを覚《おぼ》えると、これまでの苦労《くろう》がなんだったのかと思うくらい、すぐに乗りこなせるようになったのです。放課後、こっそり練習していた成果《せいか》でした。もう、陰《かげ》で練習する必要《ひつよう》はありません。

「みんな、遊ぼう！」

沙絵《さえ》は一輪車《いちりんしゃ》に乗ったまま、友だちが遊ぶ輪《わ》に入っていきます。沙絵が隠《かく》れて練習していることに気づきつつ、何もいわずにじっと見まもりつづけていた母は、そんな沙絵を見るとにっこりほほえんで、そっと家の中に入っていきました。

左手だけで吹《ふ》けるリコーダー

沙絵の父と母は、いつでも沙絵を見まもっていました。勉強や習いごとを強《きょう》制《せい》することもありません。姉弟《きょうだい》と取っくみあいのけんかをしても、仲《なか》なおりするまでほったらかしです。

沙絵は日常《にちじょう》生活のすべてを左手と、短い右手を使ってこなさなくてはなりません。洋服を着がえる、コートのボタンを留《と》める。そうした日常のこまごまし

た動作も、沙絵《さえ》にとっては、時間がかかってしまいます。それでも両親は、

「待っているから、自分でやってみなさい」

と、いつも笑顔《えがお》で見まもっていました。

また、※臨床検査技師《りんしょうけんさぎし》という仕事をしながら家事をする母は、あわただしい朝も、仕事から帰宅《きたく》してあわてて夕飯《ゆうはん》の支度《したく》をするときもあったはずです。しかし、

「早くしなさい」

という言葉は、一切いいませんでした。


小学校三年生に進級したころ。学校にはいていくくつのサイズが小さくなり、新しいものを買ってもらうことになりました。それまではかんたんに脱《ぬ》いだりはいたりできるマジックテープを使用したスニーカーをはいていましたが、このころから周《まわ》りの友だちは、ヒモで結《むす》ぶタイプを使うようになっていました。

「どれがほしい?」

一緒《いっしょ》にショッピングに出かけたときに母に聞かれた沙絵は、

※大学病院や総合《そうごう》病院などで、医師《いし》の指示《しじ》に従《したが》って、患者《かんじゃ》の血液、尿《にょう》、便《べん》などの検査《けんさ》をしたり、脳波測定《のうはそくてい》や心電図《しんでんず》検査などを行ったりする技師《ぎし》。

「絶対《ぜったい》にこれがいい！」

と、女の子のあいだではやっていたヒモで結《むす》ぶスニーカーを指さしていいました。しかし、自分の好《す》きなくつをはいて出かけるためには、自分でくつヒモを結べるようにならなければなりません。きちんとヒモを結べるようになるまで、沙絵《さえ》は、何度も何度も練習をしました。

「ヒモを結べるようになれば、このかっこいいくつがはける！」

そう思うと、練習はちっとも苦にはなりません。意識《いしき》せずにヒモが結べるようになるのに、時間はかかりませんでした。

なんでも自分で工夫《くふう》と努力《どりょく》をして、できることをひとつずつ増《ふ》やしていった沙絵ですが、どうしてもできないこともありました。

小学校に入ると、だれもが一度は手にするリコーダー。両手の指で穴《あな》をふさいだり開いたりすることで音階を奏《かな》でることができ、音楽の授業《じゅぎょう》はもちろん、演奏会《えんそうかい》が行われることもあります。

音楽の授業でリコーダーの演奏がある、ということがわかったとき、沙絵は、

「ああ、私《わたし》には右手がないから、これだけはできないな」

とがっかりしていました。

家に帰ってそのことを両親に告《つ》げると、

「大丈夫《だいじょうぶ》だよ！」

と、父がさしだしてくれたのが、左手だけで吹《ふ》ける片手《かたて》リコーダーでした。沙絵《さえ》が小学校に入学すると、両親は必要《ひつよう》になるからと、準備《じゅんび》しておいてくれたのです。そのおかげで右手の指が使えない沙絵も、同級生と一緒《いっしょ》にリコーダーを演奏《えんそう》することができました。

片手リコーダーは、ふつうのリコーダーよりかなり高価《こうか》でした。しかも、左手で押《お》さえる部分に金属《きんぞく》が使われていて、うっかり落としてゆがんだら、音が変《か》わってしまいます。だから、慎重《しんちょう》にあつかわなくてはいけません。

「でもね、落としたりこわしたりしてしまったら、遠慮《えんりょ》せずにすぐにいいなさい」

父はそういいながら、沙絵に片手リコーダーを手わたしてくれました。右手がないことで沙絵がこまったり、悲しい思いをしたりしないように、両親は話しあい、あらかじめ用意してくれていたのです。

小学校ではソプラノリコーダーを、中学に進学してからはアルトリコーダーを。両親は、その都度、左手だけで演奏《えんそう》できるリコーダーを準備《じゅんび》しておいてくれました。

転校の不安《ふあん》

小学校四年生に進学する四月、辻家《つじけ》は七飯町《ななえちょう》から函館市内《はこだてしない》に引っこすことになりました。沙絵《さえ》も学校を転校することになります。

それまで通っていた七飯町の小学校は、幼稚園《ようちえん》から一緒《いっしょ》だった友だちばかり。沙絵の右腕《みぎうで》が短いことも、それでもなんでもできることも、みんなはよく理解《りかい》してくれていました。その環境《かんきょう》から外に飛《と》びだすことは、未知《みち》の世界に飛びだすこと。

「新しい小学校で、ちゃんと友だちができるのかな」

初《はじ》めての引っこし、転校に、沙絵はとても不安《ふあん》を感じていました。

仲《なか》よしの友だちと別《わか》れなければならないことも不安《ふあん》のタネでしたが、もうひとつ、沙絵《さえ》には引っこししたくない理由がありました。それは、沙絵の近くにいてあたたかく見まもってくれる大人《おとな》との別れです。転校する前、小学校の低《てい》学年《がくねん》のころ、沙絵は家族だけでなく、近所に住む母のお姉さん夫婦《ふうふ》、つまりおば、おじと一緒《いっしょ》にすごす時間が大好《だいす》きでした。右腕《みぎうで》の短い自分を丸ごと受けいれてくれると感じていたのです。

「子ども心に、どこか無理《むり》をしているところがあったのかもしれません。理解《りかい》して受けとめてくれる人のそばにいるだけで心地《ここち》いい。ここが私《わたし》の帰るところ、という安心感があったのだと思います」

大人になった沙絵は、そんなふうに子ども時代の自分の気持ちを見つめます。

引っこしの話を聞いてから、沙絵は不安で眠《ねむ》れない夜をすごしていました。

そんな沙絵を、母はぎゅっと抱《だ》きしめて、

「大丈夫《だいじょうぶ》。きっと沙絵のことを好《す》きになってくれる人がいっぱいいるからね！」

と、何度もいいきかせました。

転校したのは、鍛神《たんしん》小学校。四年生に進級する四月に転校しました。沙絵《さえ》のクラスは四年三組です。転校初日《しょにち》に教室に入るときには、とても緊張《きんちょう》していました。担任《たんにん》の高田智史《たかだともふみ》先生は、沙絵と一緒《いっしょ》に廊下《ろうか》を歩きながら、

「ああ、やっと新学期らしいお天気になってきたね」

と声をかけ、沙絵の緊張《きんちょう》した心を窓《まど》の外にそらしてくれました。

教室に入ると、みんなの視線《しせん》が沙絵に集まります。

「みなさん、こちらが今日から新しくこのクラスに転校してきた、辻《つじ》沙絵さんです」

先生がクラスメートに、明るい声で紹介《しょうかい》しました。

みんなの笑顔《えがお》で、沙絵の緊張感がほぐれていきます。

「前はどこの小学校だったの？」

「早く一緒に遊ぼうよ！」

あっという間にクラスメートが沙絵の周《まわ》りに集まってきました。みんなの笑顔を見ると、沙絵の不安《ふあん》はふきとび、転校したその日から新しい友だちの輪《わ》にとけこんでいきました。

片腕《かたうで》でハンドボールを

担任《たんにん》だった高田《たかだ》先生は、ハンドボールクラブのコーチをしていました。それもあって、クラスの同級生の女の子たちは、ほとんどハンドボールクラブに所《しょ》属《ぞく》していました。昼休みや放課後になると、ボールを持って校庭や体育館に行き、ハンドボールをします。

ハンドボールは、ゴールキーパーを入れた七人のチームが、手でボールを投げてパスをつなぎ、相手ゴールにシュートして得点《とくてん》を競《きそ》いあうスポーツです。サッカーのようにコートの両はしにゴールがあり、そのゴールに向かってボールをつなぐ攻撃《こうげき》のスピードや、敵《てき》と味方がぶつかりあう激《はげ》しさが魅力《みりょく》です。

単純《たんじゅん》に競技《きょうぎ》のやり方だけで考えれば、右腕《みぎうで》が短い沙絵《さえ》にとっては、ボールを手で受けたりパスを出したりするハンドボールよりも、足を使うサッカーの方が適《てき》していたかもしれません。しかし、友だちが体育館に集まって走りまわっている姿《すがた》は本当に楽しそうでした。また、転校してすぐに仲《なか》よくなった友だちもハンドボールクラブに入っていました。

沙絵《さえ》もすぐに、

「絶対《ぜったい》にハンドボールをやりたい！」

と、思うようになりました。

いつもは沙絵が「やりたい！」ということについて、両親が反対することはありません。けれども、このときだけは少しこまった顔をして、こう答えました。

「沙絵、わかった。一年間だけ待ってね。一年たってやっぱりどうしてもやりたいと思ったら、もう一度考えましょう。それまで沙絵も、本当にやりたいのか、やりつづけられるのか、自分で考えてね」

そもそも沙絵はハンドボールがどんなスポーツか、わかっているのだろうか。右腕《みぎうで》の短い沙絵が、他の友だちと一緒《いっしょ》にハンドボールができるのか。楽しみつづけることができるのか。そんな不安《ふあん》が両親の心の中にぐるぐると渦《うず》まいていました。

一年たっても、沙絵《さえ》の気持ちは変《か》わりませんでした。それどころか、

「やっと一年たった！」

と思うくらい待ちどおしかったのです。小学校五年生に進級すると、沙絵は正式にハンドボールクラブに入ることになりました。

鍛神《たんしん》小学校のハンドボールクラブは、毎年小学校の全国大会に出場するような強豪《きょうごう》でした。

沙絵が入ったばかりのころ、高田《たかだ》先生はクラブの全員を集めて、

「先生の後輩《こうはい》で、沙絵のように片腕《かたうで》が短いハンドボール選手《せんしゅ》がいたんだよ」

という話をしました。

「沙絵と一緒《いっしょ》にハンドボールをするときにどんなことに気をつければいいか、みんなよく考えてごらん。胸《むね》の近くにパスを出せば、ちゃんと受けとれるし、その後もすぐにボールを投げられる。だから、みんなはいいパスを出すように心がけようね」

ハンドボールでは、どれだけていねいに仲間《なかま》にパスを出すことができるかが、とても重要《じゅうよう》です。いいパスを出して、それをつないでいけば、得点《とくてん》に結《むす》びつい

ていきます。

「パスを出す相手の胸元《むなもと》に、しっかりボールを投げる。そうすれば、右腕《みぎうで》が短い沙絵《さえ》だけじゃなくて、チームメートのだれもが取りやすいパスにつながるよ」

高田《たかだ》先生の話に、チームメート全員が大きくうなずきました。沙絵が受けとりやすいパスは、みんなが受けとりやすいパス。そんなパスを出すことは、ハンドボールの大事なテクニックだと説明《せつめい》してくれたことで、チームは結束《けっそく》を強めていきました。

クラブの練習は放課後、夕方六時まであります。土曜日、日曜日も練習や練習試合《じあい》があり、休みは水曜日だけ。それでも毎日、仲《なか》よしの友だちと遊ぶような感覚《かんかく》でハンドボールの練習に参加《さんか》していましたから、練習がいやだ、つらいと思ったことはありませんでした。

先生が体育館にくるまでは、ドッジボールをやったりキックベースボールをやったりすることも、しょっちゅうです。小学生の沙絵にとっては、遊びの延《えん》長線上《ちょうせんじょう》にハンドボールがありました。

「一年間待って」といっていた母も、沙絵が正式にハンドボールクラブに入ると、他の子どもたちの保護者《ほごしゃ》と相談しながら、試合《しあい》や夜遅《よるおそ》くなったときの送りむかえなどを引きうけてくれるようになりました。順番《じゅんばん》に差《さ》しいれを持ってくるなど、ハンドボールクラブの仲間《なかま》は家族ぐるみのつきあいになっていきました。

こうして、沙絵《さえ》は、ハンドボールに夢中《むちゅう》になっていったのです。

引き出しを使ってポニーテール

小学生時代の沙絵は、ロングヘアでした。毎朝、母が髪《かみ》を後ろで結《むす》んで、ポニーテールにしてくれます。ときどき、姉が母の代わりにちがうヘアスタイルにしてくれることもありました。でも、小学校四年生になりおしゃれ心がめばえてくると、

「なんか、ちょっとちがうんだよなあ」

と、思うようになりました。

結ぶ高さや位置《いち》、カラフルなヘアゴムやバレッタなどヘアアクセサリー次第《しだい》

で、同じポニーテールでもずいぶん印象《いんしょう》は変《か》わります。せっかく結《むす》んでもらっているのにイメージどおりじゃない、と思ってしまうのです。

「だったら自分でやればいいんだ！」

はたと、そのことに気づきました。そこから、自分ひとりで髪《かみ》を結ぶ練習がはじまりました。

左手だけでどうやって髪の毛をひとつにまとめられるか。最初《さいしょ》に沙絵《さえ》が思いついたのは、タンスの引き出しを使うことでした。

タンスの引き出しを少しだけ開けて、顔を上向きにして長い髪を全部入れます。そうして少しずつ自分が引き出しから離《はな》れるように移動《いどう》し、髪の毛をひとつにまとめるという方法《ほうほう》です。

しかし、なかなか上手《じょうず》に結べません。バラバラと髪の毛がタンスの引き出しから落ちてしまいます。

「沙絵、何やってるの？」

部屋に入ってきた姉がびっくりして、そう聞くと、

「髪の毛をひとつに結びたいの」

「なんだ、そんなこと。私《わたし》がやってあげるのに」

「そうじゃないの。自分でやりたいの」

沙絵《さえ》はそういって、そのまま引き出しに入れた髪《かみ》の毛と格闘《かくとう》していました。

その後さらに改良《かいりょう》を重ね、最終的《さいしゅうてき》には髪の毛を少し濡《ぬ》らしてからまとめると一番かんたんにできることを発見します。髪をまとめるヘアゴムも最初《さいしょ》から二重にして指に引っかけておけば、すぐに結《むす》べることがわかりました。

自分で結んだポニーテールでみんなをおどろかせよう。沙絵は、朝早く起きて自分で髪の毛を結び、だれよりも先に朝ご飯《はん》の食卓《しょくたく》に座《すわ》りました。

「見て、見て」

母も姉も、それはびっくりです。

「えっ？　自分で結べたの？」

と、姉がいうと、

「よかったわね。じゃあ、もうママがいなくても大丈夫《だいじょうぶ》ね」

と、母も笑《わら》いながらいいます。

「いやいや、それは極端《きょくたん》だと思うけど……」

家族全員、びっくりするやらおかしいやら、大笑《おおわら》いしながら朝ご飯《はん》を食べました。

おしゃれにこだわる理由

髪《かみ》の毛を自分ひとりでまとめられるようになったのと同じころ。沙絵《さえ》は毎日着る洋服にも、こだわりを持つようになりました。〝ナイキ〟などのスポーツブランドが、沙絵のお気にいり。新しいものがお店に並《なら》ぶと、すかさずチェックしに行きます。

新しい洋服を買いにショッピングセンターに出かけたときには、

「この洋服一着の値段《ねだん》で別《べつ》の服が二着買えるから、その方が二倍、おしゃれができるんじゃない？」

と母がいっても、

「ううん。一着だけでも、こっちの方がいい」

沙絵の意思は、とてもはっきりしていました。くつヒモのついたスニーカー

や、お気に入りの新しい洋服。それらを身につけて学校に行くと、

「うわあ、それ新しい洋服だね。どこで買ったの？」

「かっこいい！　にあってるね」

と、友だちが口ぐちに沙絵《さえ》のファッションセンスをほめてくれました。


小学生の沙絵は、ただおしゃれを楽しんでいたつもりでした。

しかし、大人《おとな》になった沙絵は、そのころを振《ふ》りかえってこういいます。

「あのころおしゃれにこだわっていたのは、右手が短いというコンプレックスから、人の目をそらしたいと、無意識《むいしき》に思っていたのかもしれません」

両親は、幼《おさな》いころから沙絵がおしゃれにとても興味《きょうみ》を持って、自分で洋服を選《えら》ぶ姿《すがた》を、やっぱり大きな心で見まもってくれていました。

「沙絵は、新しくておしゃれなものを身につけて学校に行くことで、友だちとの会話の糸口をつかんでいるのだろう。短い右腕《みぎうで》よりも先にファッションの方に他人の目がいくように、幼い沙絵なりに考えたことなんだろう」

そう、両親は話しあっていました。おしゃれをすることは沙絵にとってはと

ても重要《じゅうよう》で、必要《ひつよう》なこと。だから、いまは見まもっていこう。父と母は、そういうふうに沙絵《さえ》を育てていたのです。

大人《おとな》になって小学生時代の沙絵の無意識《むいしき》の行動に気づいてからは、おしゃれは、自分の障《しょう》がいを人の目からそらすためのものではなく、本当の意味でのおしゃれになりました。

「いまは、純粋《じゅんすい》にファッションを楽しんでいると思います」

小学生の沙絵を、大人になった沙絵は、心の中でしっかりと抱《だ》きしめてあげました。

コラム

障《しょう》がいの種《しゅ》類《るい》

障《しょう》がいの種類《しゅるい》は、障がいのある体の部《ぶ》位《い》によって分かれます。たとえば、腕《うで》や手の一部が欠《か》けていたり、動きにくかったりする場合は「上肢《じょうし》障がい」、足の場合は「下肢《かし》障がい」です。

重本選手《しげもとせんしゅ》は上肢障がいで、ひじから先のない「上肢欠損《けっそん》」にあたります。また、どの部位《ぶい》の障がいも、生まれながらのもの（先天性《せんてんせい》）と、病気や事故によるもの（後天性）があります。

欠損の場合、手足のかわりになる義手《ぎしゅ》や義足《ぎそく》の使い方を練習すれば、物をつかんだり、歩いたりできるようになります。

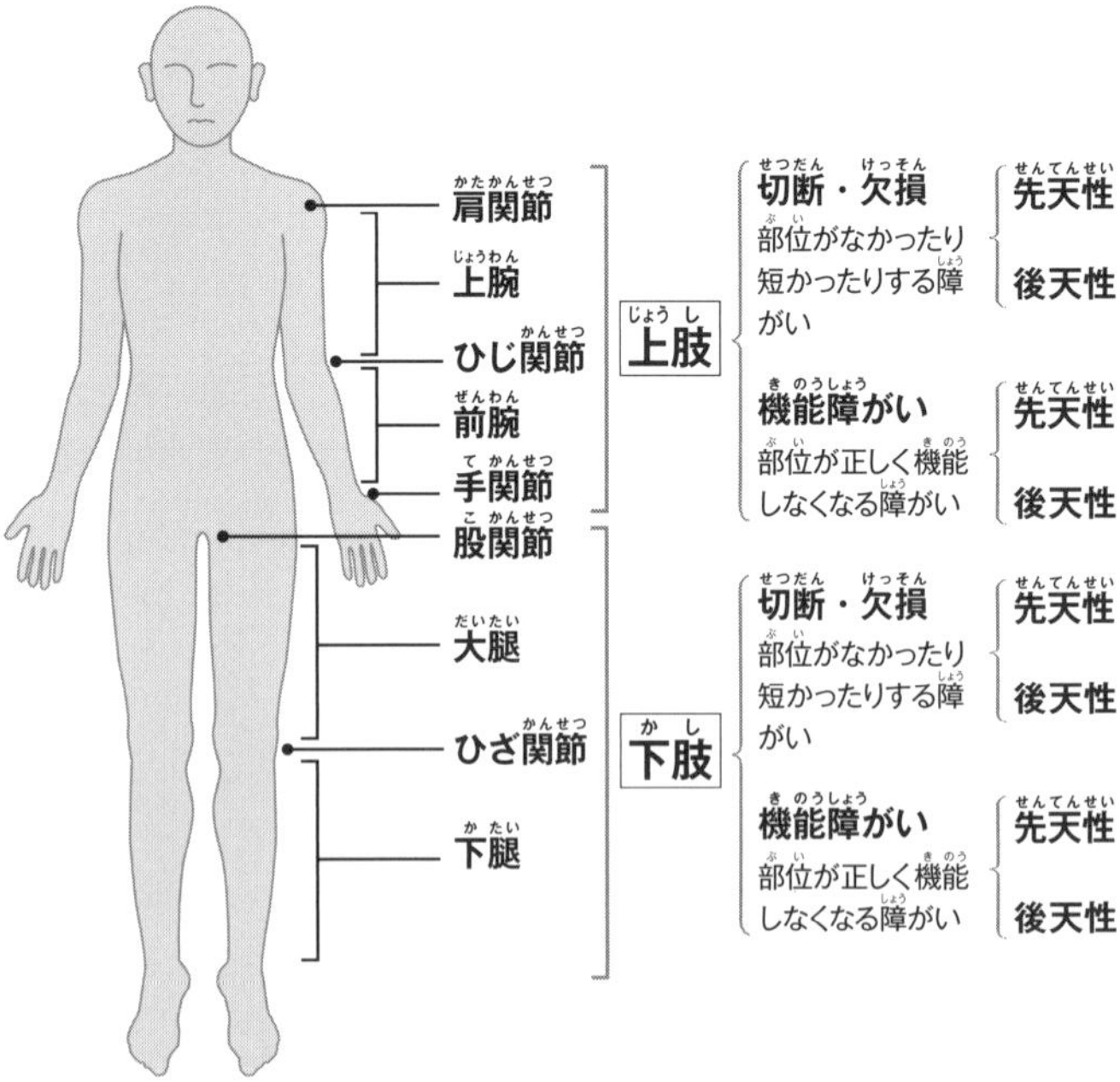

2章　ハンドボールにあけくれた中高時代

辻《つじ》さんに合わせて練習はしません

二〇〇七年四月。沙絵《さえ》は函館市立本通《はこだてしりつほんどおり》中学校に進学しました。この中学校は函館市立鍛神《たんしん》小学校からも多くの友だちが進学します。そして、鍛神小学校と同様にハンドボール部の活動がさかんで、毎年全国中学校大会に出場する強豪《きょうごう》校《こう》でした。

ハンドボール部の顧問《こもん》は、小林礼《こばやしれい》先生。北海道《ほっかいどう》出身で、東京《とうきょう》の体育大学を卒《そつ》業《ぎょう》し、本通中学校の体育教師《きょうし》をしていました。身長が一五〇センチほどの小柄《こがら》な女性《じょせい》で、大きな声でテキパキと指導《しどう》する姿《すがた》が印象的《いんしょうてき》な、元気いっぱいの先生です。〝礼〟という名前にふさわしく、礼儀《れいぎ》・礼節《れいせつ》をとても大事にしています。ルールを破《やぶ》ったり、他の生徒《せいと》を傷《きず》つけたりするような生徒には、小林先生の大きなカミナリが落とされます。

沙絵は、本通中学校でもハンドボール部に入ろうと思っていましたから、入学するとすぐに、職員室《しょくいんしつ》の小林先生のところに入部届《とど》けを持っていきました。

入部届《とど》けを受けとると、小林《こばやし》先生は沙絵《さえ》の目を見つめながらいいました。

「辻《つじ》さん、聞いてほしいことがあります。ハンドボール部の練習では、辻さんに合わせて練習はしません」

ひとつ、呼吸《こきゅう》をして小林先生は続《つづ》けました。

「それでも、入部を希望《きぼう》しますか？」

その言葉を聞いて、沙絵は体じゅうがよろこびでいっぱいになりました。自分に合わせた練習はしない。それは、右腕《みぎうで》が短いからといって沙絵を特別《とくべつ》あつかいしない、ということです。

先生の言葉だけを聞くと、とてもきびしい印象《いんしょう》です。ところが、沙絵にとっては「両腕のある生徒《せいと》と同じように接《せっ》してもらえる」ことがなによりもうれしいと感じられたのでした。

「はい。もちろんです。どうしてもハンドボールがしたいんです。よろしくお願《ねが》いします！」

沙絵は、うれしさでほおを赤く染《そ》めながらこう返事をしました。

「小林先生は、私《わたし》をひとりの生徒として見てくれている。みんなと同じようにがんばれば、きっとみとめてくれるはずだ」

と、期待を胸《むね》にハンドボール部に飛《と》びこんだのです。


ハンドボール部は男子も女子も一緒《いっしょ》の体育館で練習します。小学生のハンドボールよりも、ボールやゴールのサイズが大きくなります。とくに大きくなったボールをキャッチすることが、沙絵《さえ》にはとてもむずかしく感じられました。

小学校時代には、ボールを胸元《むなもと》で抱《かか》えるようにしてキャッチすることができましたが、中学生の投げる強いボールを受けると体にズシンと痛《いた》みが走ります。

それを続《つづ》けていると、ボールを受ける胸元に大きなアザができてしまいました。

「辻《つじ》さん、まずはキャッチの練習からしましょう。強いボールを、どうキャッチするのがいいか、自分で工夫《くふう》してみて。できるようになるまではひとりで練習してもらいます」

小林《こばやし》先生が、そう指示《しじ》をしました。

沙絵は、チーム練習とは別《べつ》に、ひとりでキャッチの練習をはじめました。体育館のかべにボールを当てて、はねかえってきたところを受けとる練習です。

「うーん、むずかしいな」

最初《さいしょ》はうまく自分のところにボールがはねかえってきません。毎日、何度もはねかえったボールをキャッチすることで、左手のてのひらにマメができ、その皮がむけて血がにじみました。

なかなかキャッチがうまくできるようにならない自分に、沙絵《さえ》はいらだっていました。ズキズキと痛《いた》む左のてのひらを見つめながら、それでも沙絵はかべにボールをぶつけつづけます。チーム練習にも参加《さんか》できず、ひとりでかべに向かうだけの毎日。くじけてしまいそうな練習ですが、沙絵はあきらめませんでした。

「どうすれば、ちゃんと強いボールを受けることができるんだろう」

胸元《むなもと》と左手だけで受けようとするから、体が痛くなってしまう。短いけれど、もっと右腕《みぎうで》を活用したらどうだろう。そんな考えが頭に浮《う》かび、右腕の先端《せんたん》部分で受けとめて、左手でカバーするようにしてみました。

「あ、痛くない。ちゃんと両腕でキャッチできる！」

この方法《ほうほう》を発見した沙絵は、ますますキャッチの練習に力が入るようになりました。かべにぶつけるボールの角度や高さ、強さをどんどん変《か》えて、いろいろなボールを受けとめます。

「体のこの位置《いち》なら、しっかりキャッチできる。でも、こういうパスだとむずかしい」

両腕《りょううで》だけでなく、左手のてのひらをいっぱいに広げて片手《かたて》でキャッチする方《ほう》法《ほう》も、何度も試《ため》しました。

「両手でキャッチすると、投げるときにボールを持ちなおさなくてはならないけれど、最初《さいしょ》から左手でキャッチすれば、すぐにシュートが打てる！」

沙絵《さえ》は、もくもくとかべに向きあうことで、自分にできること、できないことを見きわめていきました。同時に、片手でキャッチするという、ハンドボール選手《せんしゅ》としての武器《ぶき》を身につけていったのです。

走ることとならだれにも負けない自信《じしん》があった沙絵は、ランニングでは必《かなら》ず先頭でもどってきました。大きな橋を往復《おうふく》するランニングで、女子は男子の後からスタートしますが、沙絵は男子の一群《いちぐん》においついて、先頭でゴールします。

また、腹筋《ふっきん》・背筋《はいきん》・腕立《うでた》てふせを、各《かく》五十回、六セット。学校の階段《かいだん》で一階から三階までの昇《のぼ》り降《お》りを五十本。そんな基礎《きそ》体力のトレーニングも、毎日こなしていきました。

入部してはじめての大会が二日後《ふつかご》にせまったある日。今日は、出場選手《せんしゅ》が発表される日です。

公式戦《こうしきせん》に出場するメンバーは、いつも直前に小林《こばやし》先生が発表します。教室に部員全員が集合したところで、名前を呼《よ》ばれユニフォームが先生から手わたされます。次は、だれの名前が呼ばれるのだろう。順番《じゅんばん》に名前が呼ばれる教室には、ピーンとはりつめた緊張感《きんちょうかん》がただよっていました。

一年生の沙絵《さえ》は、ひとりでかべ打ち練習をするばかり。チーム練習にも参加《さんか》していなかったため、名前が呼ばれることはありませんでした。小学生のころはいつも先発メンバーに入っていたので、名前が呼ばれなかったのは初《はじ》めてです。

「え、メンバーからはずれたの？　そんなあ……」

沙絵はとてもがっかりしました。

「もっと、もっと練習しなくちゃ。次こそ絶対《ぜったい》にメンバーに入ってやるぞ！」

沙絵《さえ》は、くやしさをかみしめながら、改《あらた》めてそう決意しました。

メンバー落ちした後、沙絵はかべ打ち練習にますます熱中《ねっちゅう》するようになります。沙絵のかべ打ち練習は、一年生の四月から二年生の十二月まで続《つづ》きました。

「小林《こばやし》先生、見て。これだけ強いボールがちゃんと受けられるようになったんだから」

心の中で叫《さけ》んだ沙絵は、さらに大きな音を立ててボールをぶつけます。

小林先生は沙絵がひとりでもくもくとキャッチ練習している姿《すがた》を、ずっと見まもっていました。受けとめ方を工夫《くふう》し、どんどん上達《じょうたつ》している。これなら、もう他の生徒《せいと》と一緒《いっしょ》に練習をしても大丈夫《だいじょうぶ》だ。

ある日、小林先生が沙絵に近づいてきて、いいました。

「沙絵、さあ、次はシュート練習行こうか！」

「はいっ！」

沙絵は大きな声で返事をすると、チームメートが練習するシュート練習の列《れつ》に加《くわ》わりました。

「次は、ディフェンス（守備《しゅび》）練習！」「次は、コンビネーション（連係《れんけい》）練習！」
小林《こばやし》先生の指示《しじ》が飛《と》び、沙絵《さえ》が他の部員と一緒《いっしょ》に練習する時間は、どんどん長くなっていきました。

ついにレギュラーメンバーに

中学校二年生になりました。春から公式戦《こうしきせん》がスタートします。全国大会を目指して、函館市《はこだてし》、北海道《ほっかいどう》と、地区予選《ちくよせん》を勝ちぬいていかなくてはなりません。本通中学校《ほんどおり》のハンドボール部は全国大会に出場するような強豪《きょうごう》でしたから、練習時間も長くきびしいものでした。沙絵とともに中学入学と同時にハンドボール部に入部したおおぜいの女子部員の中には、練習についていくことができず、やめてしまう生徒《せいと》もいました。

レギュラーメンバーに入れなかった一年生のときには、沙絵は大会に出場するため会場に向かうチームメートを見送って、学校に残《のこ》りました。

「絶対《ぜったい》にレギュラーメンバーになるぞ」

沙絵《さえ》は、固《かた》い決意で、ひとりぼっちのかべ打ち練習にも、弱音をはかずに取りくんできたのです。

二年生になって初《はじ》めての公式戦《こうしきせん》を翌日《よくじつ》にひかえたある日。いつものように小《こ》林《ばやし》先生が教室に選手《せんしゅ》全員を集めました。

試合《しあい》に出場するメンバーが順番《じゅんばん》に名前を呼《よ》ばれます。

「八番、沙絵」

小林先生の声がひびきました。

「はい！」

ついに、沙絵はレギュラーメンバーとして選《えら》ばれました。

先生から手わたされた、背番号《せばんごう》「８」と書かれたユニフォーム。ユニフォームを持つ沙絵の手が、わずかに震《ふる》えました。練習してきたことを小林先生にみとめられた、その第一歩だと感じていたのです。

８番のユニフォームを身につけて試合に出場した沙絵は、コートで生き生きとプレーしました。コートの外側《そとがわ》、少し離《はな》れたところから打ったシュートが、スパンとネットにつきささりゴール。

「決まった！」

チームメートが集まり、肩《かた》をたたいてよろこびあいます。

「沙絵《さえ》、太陽が見えたね」

その輪《わ》の中で、小林《こばやし》先生がそう沙絵に声をかけました。がんばった人には、必《かなら》ず未来《みらい》が見える、結果《けっか》がついてくる。太陽がいつも見まもってくれて、照《て》らしてくれる。先生の言葉の意味を、沙絵はそんなふうにとらえていました。

「ああ、やっと本当に、小林先生にみとめてもらえた」

沙絵の努力《どりょく》は、このとき確《たし》かな自信《じしん》へと変《か》わったのです。そうして、この試《し》合《あい》から沙絵は、フォワードの中心選手《せんしゅ》となり、二年生、三年生で全国大会に出場しました。

沙絵の選手としての強みは、ボールへの執着心《しゅうちゃくしん》と走るスピード。相手チームのこぼれ球はだれよりも早く取りにいきます。そして、ボールを取れば抜群《ばつぐん》のスピードでゴールに向かって走ります。相手チームの選手をかわすフェイントやステップも、沙絵は得意《とくい》でした。

二年生で試合《しあい》に出場するようになったころ、大会に行くと沙絵《さえ》の右腕《みぎうで》は他校の選手《せんしゅ》の視線《しせん》にさらされました。

「あの子、マネージャーだね、きっと」

ヒソヒソ声の会話が自然《しぜん》と耳に入ってきます。沙絵は、その横を通りすぎると、

「ふふふ」

と、不敵《ふてき》な笑《え》みを浮《う》かべるのでした。

他校の選手たちは、右腕《みぎうで》の短い沙絵は選手ではない、と勝手に思いこみ油断《ゆだん》しています。このときはまだ、沙絵が中心選手として活躍《かつやく》することを知りません。

「ガツンと見せてやるぞ！」

闘志《とうし》を燃《も》やす沙絵は、先発メンバーの六人に声をかけます。

「みんな、とにかく私《わたし》にボールをまわして。ガンガン攻《せ》めるからね！」

「オッシャー！」

「まかせて！」

円陣《えんじん》を組んだチームメートが、沙絵《さえ》の顔を見てまとまりました。

試合《しあい》が始まると、「マネージャーと思われていた選手《せんしゅ》」がものすごいスピードでゴールにせまっていきました。沙絵が言葉のとおり得点《とくてん》を重ねていくと、相手チームのディフェンスは、あせって沙絵に集まってきます。そうなったらしめたもの。沙絵は相手チームのディフェンスを何人も引きつけておいて、味方にパスを出してシュートを決めさせるのです。

沙絵はまた、ディフェンスでも力を発揮《はっき》しました。ゴール前で相手チームのフォワードがシュートする動作に入った瞬間《しゅんかん》、全身で守ります。沙絵の気迫《きはく》に、相手フォワードは思わずボールを落とす失敗《しっぱい》をしたり、体勢《たいせい》を崩《くず》して転倒《てんとう》したりすることも。ボールへの執念《しゅうねん》が強い沙絵は、こぼれ球を逃《のが》しません。素早《すばや》く拾うと、そのまま反撃《はんげき》していきます。

「なんだ、なんだ、あの選手は」

どのチームも、沙絵のプレーに目をみはるのでした。

試合を重ねるごとに沙絵の強さが知られるようになり、沙絵に対するマークはきびしくなっていきます。相手チームの選手が沙絵に体当たりをして、無理《むり》やりシュートしようとしたときなど、沙絵《さえ》は派手《はで》に転倒《てんとう》してしまい、ぶつかった選手《せんしゅ》がレッドカードを受けることもありました。

「やったわね。やられたら、やり返すぞ！」

転倒してもすぐに起きあがり、またかけだしていく。沙絵の強気のプレーが、チームを引っぱる力になっていたのです。

陸上競技《りくじょうきょうぎ》大会で三位《い》に

足が速かった沙絵は、学校の体育祭でも活躍《かつやく》しました。一〇〇メートルや、二〇〇メートル走では陸上部《りくじょうぶ》に所属《しょぞく》する選手の方が速いのですが、中距離《ちゅうきょり》の八〇〇メートル走では、なんと沙絵が優勝《ゆうしょう》したのです。すると、陸上部から、

「ぜひ、次の公式戦《こうしきせん》に出場してほしい」

と、たのまれるようになりました。そのため、中学二年と三年のときには、ハンドボール部に所属しながら陸上の大会にも出場しています。

初《はじ》めて出場した陸上競技の大会。八〇〇メートル予選《よせん》のスタートのときに、

陸上競技場《きょうぎじょう》の上空を飛行機《ひこうき》が轟音《ごうおん》を立てて通りました。そのため「用意」の声やスタートの号砲《ごうほう》の音が聞きとりにくく、出おくれてしまいました。それでも、トラックを二周するうちにどんどん他の選手《せんしゅ》をおいぬいて、一着でゴール。決勝のレースに進み、函館市《はこだてし》で三位《い》という成績《せいせき》を残《のこ》しました。

この結果《けっか》にびっくりしたのは、大会出場に誘《さそ》った陸上部《りくじょうぶ》の部員や、大会を見にきていた他の学校の先生たちでした。

陸上競技の強豪校《きょうごうこう》の先生からは、

「うちの高校に進学して陸上競技をやりませんか」

という誘いを受けました。しかし、沙絵《さえ》が首を縦《たて》に振《ふ》ることはありませんでした。

沙絵は、仲間《なかま》とチームワークで戦《たたか》うハンドボールに小学生のころから夢中《むちゅう》でした。

「陸上部に入って練習することになったら、大好《だいす》きなハンドボールができなくなっちゃう」

それが陸上をやらないという、一番の理由でした。

「それに、走りおわった後に、気持ち悪くなっちゃう。ハンドボールでゴールを目指して全速力で走るのなら、全然《ぜんぜん》気持ち悪くならないのに」

ハンドボール部ではどんなきついトレーニングでも弱音をはくことはない沙《さ》絵《え》でしたが、このときには陸上競技《りくじょうきょうぎ》のおもしろさがよくわからなかったのです。

「やっぱり仲間《なかま》がいるハンドボールがいい」

それが、中学時代の沙絵の素直《すなお》な気持ちでした。


小学生のときにも毎日のように練習がありましたが、中学での練習は想像《そうぞう》を超《こ》えるほどのハードワークでした。でも、練習を休むことはありません。日が暮《く》れて練習が終わり体育館から出ると、チームメートと大きな声で歌を歌いながら家に帰ります。冬、雪が降《ふ》った日には、途中《とちゅう》で雪合戦《ゆきがっせん》をすることもありました。

ある日のこと。

「ただいま」

練習から帰宅《きたく》した沙絵の声が玄関《げんかん》でしました。いつもなら「お腹《なか》空いた。今日の晩《ばん》ご飯《はん》は何？」と、食卓《しょくたく》につく沙絵《さえ》がなかなか部屋に入ってきません。

「沙絵、どうしたの？」

母が玄関《げんかん》に様子を見にくると、沙絵は大きなスポーツバッグを肩《かた》からかけたまま、玄関でぐうぐうと眠《ねむ》りこんでいるのでした。

「沙絵、沙絵、そんなところで寝《ね》ると風邪《かぜ》を引きますよ。さあ、ご飯よ」

体をゆすっていくら起こそうとしても、いっこうに目を覚《さ》ます気配《けはい》がありません。

「しょうがないんだから」

母はなかばあきれた顔で玄関で寝ている沙絵に毛布をかけると、沙絵の晩ご飯を食卓に残《のこ》して寝室《しんしつ》に引きあげていきました。

あまりの空腹《くうふく》で夜中にハッと目を覚ました沙絵は、

「あれ、なんでこんなところにいるんだろう？　なんで真っ暗なんだろう？」

寝ぼけて一瞬《いっしゅん》、自分がどこにいるのかわからない状態《じょうたい》になっていました。それでも、空腹でお腹《なか》が悲鳴をあげています。食卓にあったご飯をたいらげて急いでお風呂《ふろ》に入り、ベッドにもぐりこみました。

翌朝《よくちょう》、母に、

「なんで起こしてくれなかったの」

というと、

「何度も起こしたのに、起きなかったわよ」

といわれてしまう始末《しまつ》です。

玄関《げんかん》で眠《ねむ》りこんでしまうほど疲《つか》れる毎日でしたが、沙絵《さえ》はハンドボールの練習がつらいと思ったことはありませんでした。

「クタクタになるまでハンドボールができるのがうれしくて。毎日チームメートとはげましあいながら練習できることが楽しかった。〝できない〟とか〝もう、ダメだ〟という発想は、まったくありませんでした。本当にハンドボールが大好《だいす》きだったのです」

ハンドボールを愛《あい》する気持ちは、障《しょう》がい者の陸上競技《りくじょうきょうぎ》選手《せんしゅ》として活躍《かつやく》する現《げん》在《ざい》も、変《か》わっていません。

本から学んだこと

ハンドボールの練習に力が入りすぎて、一度だけ勉強の成績《せいせき》が落ちたことがあります。まだ中学一年生のときでした。沙絵《さえ》の学年には二百人あまりの生徒《せいと》がいました。ある定期テストの結果《けっか》、沙絵の成績は一〇八番でした。百番台というのはこれまでに一度も取ったことがない成績です。ふだん、大きな声で怒《おこ》ることもなく「勉強しなさい」ともいわない父が、このときばかりは沙絵を座《すわ》らせしかりつけました。

「ハンドボールをやっているから成績が落ちたというなら、もうハンドボールは続《つづ》けさせないぞ。それでもいいのか」

ハンドボールを続けたいなら、学校の勉強もきちんとしなくてはいけない。お父さんっ子だった沙絵は涙《なみだ》をながしながらその言葉を聞いて、机《つくえ》に向かう時間を大切にするようになりました。そして、次のテストでは、四十番にまで成績を上げることができたのです。

授業《じゅぎょう》の科目で得意《とくい》だったのは、国語です。ひとつの答えを出す数学より、自由に自分の感じたことや考えたことを表現《ひょうげん》できる国語の方が楽しかったのです。

とくに読書が好《す》きで、イギリスの作家アレックス・シアラーの『13カ月と13週と13日と満月《まんげつ》の夜』（求龍堂《きゅうりゅうどう》）は印象《いんしょう》に残《のこ》っている本のひとつです。魔女《まじょ》に体を乗っとられてしまった少女が、自分の体を取りもどすという物語。少女が作戦《さくせん》を立てて、自分の目標《もくひょう》に向かって進んでいく話に引きこまれ、思わず夜中までページをめくっていました。

もうひとつ、椿姫彩菜《つばきあやな》さんの『わたし、男子校出身です。』（ポプラ社）という作品にも、心をゆさぶられました。これは男の子として生まれた著者《ちょしゃ》が、女の子の心を持っていることで、さまざまななやみを抱《かか》えながらも成長《せいちょう》していくノンフィクションです。「性同一性障害《せいどういつせいしょうがい》」という体と心のズレによる問題を、著者がもがきながらも解決《かいけつ》していきます。

「中学生のころって、みんな一緒《いっしょ》、みんな同じでないと、仲間《なかま》はずれになってしまうことがありますよね。女子同士《どうし》の会話でも、その場の空気に合わせなくてはいけない気持ちになることがある。私自身《わたし》がそうでした。そのころ〝性同《せいどう》一性障害《いっせいしょうがい》〟のことは知らなかったけれども、世の中にはいろんな人がいて、いろんななやみを抱《かか》えている。それでも自分らしく生きることを選《えら》び、自分の手で答えをつかみとっていく。この本は、そういう生き方のすばらしさを教えてくれたんです」

人とちがうことがこわい。小学生、中学生ならだれもが一度は感じたことがあるでしょう。右腕《みぎうで》の短い沙絵《さえ》は、生まれたときから周《まわ》りの人とちがっていました。それをどこかで受けいれられていなかった沙絵は、意識《いしき》しなくてすむようにハンドボールでも勉強でも、周りの友だち以上《いじょう》にできるように努力《どりょく》してきました。その努力によって、〝人とちがう〟ことを少しだけわすれることができました。でも、右腕が短いという現実《げんじつ》はずっと変《か》わりません。

「ちがうことをみとめる。ちがうことを知っている。だけど、みんなちがって、それでいいという気持ちを、子どものころからみんなが共有《きょうゆう》していたら、人とちがうことを思いなやんだりしなくていいですよね」

自分では意識しなくても、周囲《しゅうい》の目を気にしていた中学生の沙絵。大人《おとな》になり、それぞれちがう障《しょう》がいのある人たちが、同じフィールドで競《きそ》いあう、パラスポーツに出会ったからこそ、自分らしく生きるすばらしさを教えてくれたこの本の作者の生き方に、少しだけ近づけたのかもしれません。中学時代の自分に、「人とちがうことを気にしなくてもいいよ」と教えてあげたいと思う、現《げん》在《ざい》の沙《さ》絵《え》なのです。

大切な出会い

ハンドボールで出会った人の中に、松本彩花《まつもとあやか》さんという人がいます。山口県《やまぐちけん》にある岩国《いわくに》中学校のハンドボール部に所属《しょぞく》していた選手《せんしゅ》で、沙絵とは全国中学校ハンドボール大会で知りあいになりました。

松本さんには、生まれつき左手の中指がありません。沙絵と同じように、ハンドボールが強い中学校で中心選手として活躍《かつやく》していました。しかし、ハンドボールに出会う前は、指がないことに強いコンプレックスがあり、なかなか友だちと打ちとけることができませんでした。

沙絵《さえ》が中学校二年生で初《はじ》めて出場した全国大会の会場で、松本《まつもと》さんは沙絵の右腕《みぎうで》が短いことを知ります。

「あの選手《せんしゅ》は指だけではなくひじから先がないんだ」

ボールに体ごとぶつかっていく沙絵のプレーに、松本さんは目をうばわれていました。

「そうか、私《わたし》は指がないことだけにとらわれすぎていたんだな」

沙絵の姿《すがた》に自分を重ねながら、改《あらた》めてそう思ったと、松本さんはその後、沙絵に手紙で伝《つた》えました。沙絵にとっても、自分以外《いがい》に障《しょう》がいがありながらハンドボールをしている選手に出会ったのは初めてのことです。松本さんから届《とど》いた手紙を何度も読みかえしながら、

「お互《たが》いに、大好《だいす》きなハンドボールに熱《あつ》くなれる。それって本当にすばらしいことだな」

と、スポーツが持つ力を感じて、松本さんに返事を書きました。

沙絵は、それまで自分のことを障がい者だと思ったことはありませんでした。

でも、松本さんから手紙をもらい、指がないことを気にしながらもハンドボー

ルに取りくんでいるということを知ったことで、自分も、短い右腕《みぎうで》でもハンドボールが上手になりたいと努力《どりょく》してきたことを、改《あらた》めて思いかえしていました。

松本《まつもと》さんは、高校、大学に進学してからもハンドボールを続《つづ》けました。現在《げんざい》は、出身の山口県《やまぐちけん》で体育教師《きょうし》となり、ハンドボール部の顧問《こもん》として指導《しどう》しています。松本さんは、いまも沙絵《さえ》にとって大事なハンドボール仲間《なかま》のひとりなのです。

将来《しょうらい》の夢《ゆめ》は体育教師《きょうし》

「体育の先生になりたい」

それが、中学三年生の沙絵の明確《めいかく》な目標《もくひょう》でした。そう思うようになったのは、ハンドボール部顧問の小林礼《こばやしれい》先生に出会ったからです。

「私《わたし》を特別《とくべつ》あつかいしないということを最初《さいしょ》に断言《だんげん》したのが小林先生です。私のことを〝右腕が短い〟辻《つじ》沙絵ではなく、ひとりの人間として見て、接《せっ》してくれた。そのことは、いまでもすごく心に残《のこ》っているんです」

中学時代を思い出すたび、小さい体で大きな男子選手《せんしゅ》を相手にハンドボールを教えている小林《こばやし》先生の姿《すがた》が目に浮《う》かびます。

「ハンドボールを通じて、体を思いきり動かす楽しさ、スポーツのすばらしさを小林先生は教えてくれました。同級生、先輩《せんぱい》、後輩、それに大会で対戦《たいせん》した学校の選手たち。たくさんの出会いもあった。自分も、そういうことを伝《つた》える先生になりたいって思ったんです」

ルール違反《いはん》など、ハンドボール部の中で何か問題が起こると、小林先生は練習を中断《ちゅうだん》して全員に話しあいをさせました。解決《かいけつ》しないまま、生徒《せいと》が納得《なっとく》しないままに前に進むことはありませんでした。

「そういうブレない、しっかりした芯《しん》のある先生。だけど、練習が終わるとおもしろい話もしてくれて、私《わたし》がひとりで練習しているときにはちゃんと見ていてくれるようなあたたかい気配りも感じられました。先生として、ひとりの女《じょ》性《せい》として、こういう人になりたいと思わせてくれたのです」

中学を卒業《そつぎょう》しても、大好《だいす》きなハンドボールを続《つづ》けていこう。そして小林先生のように体育大学に進学して、先生になり、今度はハンドボールをみんなに教える立場になろう。沙絵《さえ》の人生の目標《もくひょう》の基礎《きそ》は、中学時代にしっかりと固《かた》められました。

両親にプレゼンテーション

中学三年生に進級し、最後《さいご》の全国大会を目指して練習していたときのこと。沙絵は全国大会出場をかけた北海道《ほっかいどう》大会の直前に、右ひざの前十字靭帯《ぜんじゅうじじんたい》を断裂《だんれつ》する大けがを負ってしまいました。

前十字靭帯とは、ひざ関節《かんせつ》にある繊維《せんい》の束《たば》のような組織《そしき》のことで、ひざを安定させる重要《じゅうよう》な役割《やくわり》があります。スポーツ選手《せんしゅ》に多いけがで、転倒《てんとう》したときなどに、この靭帯が切れてしまうのです。

ちゃんと治《なお》すには、手術《しゅじゅつ》しかありません。でも、手術を受ければ治るまでに何か月もかかってしまいます。治療《ちりょう》もせずに無理《むり》をして運動し、もし再《ふたた》び大きな負荷《ふか》がかかれば、二度とスポーツができなくなってしまう可能性《かのうせい》もあるのです。どうしても試合《しあい》に出たいと思っていた沙絵は、手術をしないことを選《えら》びました。

沙絵《さえ》がけがで思うように練習に参加《さんか》できない間に、本通《ほんどおり》中学校の女子ハンドボール部は北海道《ほっかいどう》大会を勝ちぬき、全国大会出場の権利《けんり》を獲得《かくとく》しました。

「どうしても中学最後《さいご》の全国大会に出場したい」

沙絵は、そのことだけを考えていました。

全国大会の日。右のひざに厚《あつ》くテーピングをして、沙絵は仲間《なかま》とともに会場に行きました。先発メンバーとして出場することはできませんでしたが、小林《こばやし》先生は一度だけ選手《せんしゅ》交代で沙絵をコートに入れました。そこで沙絵はシュートを決め一点をあげました。しかし、ポイントゲッターだった沙絵が本調子ではなかったこともあり、最終的《さいしゅうてき》に本通中学校は初戦《しょせん》で敗退《はいたい》してしまいました。

「けがをしていなかったら、もっとたくさんプレーできたのに。フル出場できていたら、どこまで勝ちすすめていただろう」

沙絵はくやしくて唇《くちびる》をかみしめました。

「もっともっと、ハンドボールが上手になりたい。けがをしない強い体を作りたい」

中学最後《さいご》の全国大会を終えて、沙絵《さえ》は新たな決意に燃《も》えていました。

本通《ほんどおり》中学校は全国大会に出場するような強豪校《きょうごうこう》でしたから、卒業生《そつぎょうせい》の多くは、全国各地《かくち》のハンドボールが強い高校に進学します。沙絵も、ハンドボールで実《じっ》績《せき》のある高校への進学を強く希望《きぼう》していました。そのことを小林《こばやし》先生に相談すると、

「気持ちはよくわかりました。それなら、ご両親を自分で説得《せっとく》しなくてはいけないよ。将来《しょうらい》どうしたいのか、どんな覚悟《かくご》なのか。そういうことをご両親に説《せつ》明《めい》しなさいね」

そう、アドバイスしてくれました。

沙絵は、ハンドボールでもっと上を目指していきたいこと、将来は小林先生のような体育教師《きょうし》になって生徒《せいと》にハンドボールを教えたいと思っていることなどを説明し、資料《しりょう》をそろえて両親の前にさしだしました。

「お父さん、お母さん、何回も全国大会に出場している高校に入って、そして将来は体育大学に進学したいんです。ぜひ、行かせてください」

両親の目を見つめて話をし、両手をついて頭をさげました。両親は、互《たが》いの目を見ながら、沙絵《さえ》に向きなおり、こういいました。

「自分で考えたことなんだね。三年間、きっとすごく大変《たいへん》だと思うよ。だけど、がんばりなさい」

そうして進学したのが、茨城県立水海道第二高等学校《いばらきけんりつみつかいどうだいにこうとうがっこう》です。

全国には他にもハンドボールの強い高校はありましたが、女子のハンドボール部として伝統《でんとう》と実績《じっせき》があったのが、水海道二高でした。また、小中学校でともにハンドボールをしてきた同級生が進学することが決まったことも、沙絵や両親の気持ちを後押《あとお》ししました。

親元を離《はな》れ、強豪校《きょうごうこう》へ

二〇一〇年四月。沙絵は北海道《ほっかいどう》の家族の元を離《はな》れ、遠い茨城県の高校に進学しました。水海道二高女子ハンドボール部は、全国高等学校総合《そうごう》体育大会（インターハイ）や国民体育大会（国体）などの全国大会に何度も出場するような、ハンドボール強豪校《きょうごうこう》です。ハンドボールが盛《さか》んな茨城県内《いばらきけんない》の中学から、ハンドボール部に所属《しょぞく》したいという多くの生徒《せいと》が進学してきます。

右腕《みぎうで》の短い沙絵《さえ》は、高校に進学した後に、チーム練習が終わってからチームメートに協力《きょうりょく》を頼《たの》んで、自主的《じしゅてき》にキャッチの練習にも取りくみました。高校でのハンドボールは、ボールのスピードも上がりプレーのレベルも高いため、少しでもプレーの精度《せいど》を上げたいと思っていたからです。

ただ一緒《いっしょ》にキャッチの練習をしているだけでは、チームメートに自分のできること、できないことが伝《つた》わりません。沙絵は積極的《せっきょくてき》に、

「ここのパスはしっかりキャッチできます。左手だけの片手《かたて》キャッチもできます。でも、この方向からくるパスはむずかしいんです。だから、この方向からのパスだけ出さないようにしてください」

と、部員に伝えるようにしました。

その努力《どりょく》と積極的なコミュニケーションが功《こう》を奏《そう》して、沙絵は一年生のときから、試合《しあい》に出場するレギュラーメンバーに選《えら》ばれるようになりました。

ハンドボール部の練習は、それまでに経験《けいけん》したことがないほどのきびしさで

した。平日の練習は夜十時くらいまで続《つづ》きます。その後、あとかたづけや翌日《よくじつ》の練習の準備《じゅんび》をして家にもどると、帰宅《きたく》時間が深夜十二時になってしまうこともしょっちゅうでした。

毎日の練習だけでなく、試合《しあい》もあります。先輩《せんぱい》・後輩の上下関係《かんけい》の規律《きりつ》があることも、高校のハンドボール部に入ってから改《あらた》めて感じたことでした。合宿や試合などの遠征時《えんせいじ》には、試合に出場した選手《せんしゅ》のユニフォームを洗濯《せんたく》したり、汚《よご》れたボールをみがいたりなど、一年生にはたくさんの雑用《ざつよう》があります。沙絵《さえ》も同級生と一緒《いっしょ》に作業していましたが、沙絵が試合に出場するときには、出場していない上級生が代わりに雑用を担当《たんとう》することもありました。

試合《しあい》の前日には、

「沙絵はレギュラーで、明日《あした》試合があるんだから、先に寝《ね》ていいよ」

と、同級生があたたかく声をかけてくれましたが、

「でも、それじゃ試合に出ている人は、何もしなくていいことになっちゃう。大丈夫《だいじょうぶ》、私《わたし》も手伝《てつだ》うよ」

沙絵はそういうと、洗《あら》ったばかりのユニフォームをたたんだり、乾《かわ》ききらな

い厚手《あつで》のソックスを、ヘアドライヤーを使って乾《かわ》かしたりする仕事を、同級生と一緒《いっしょ》にもくもくとこなしました。

それでも、沙絵《さえ》はコートでプレーできることがうれしくて、どんなつらいことにも積極的《せっきょくてき》に取りくみました。

何もかも、いやになっちゃった

一年生のときには、高校での新しい生活に慣《な》れることに必死《ひっし》でしたが、二年生に進級するころ、沙絵は保健室《ほけんしつ》にいる時間が長くなっていました。けがをしたわけでなくても、つい保健室にたちよって、保健の先生に話を聞いてもらいます。

「何もかも、いやになっちゃった」

保健の先生にそう告《つ》げると、ボロボロ涙《なみだ》をこぼしました。練習がきびしく、クタクタになって帰るのは、やはりとてもきつかったのです。家族が一緒にいないさびしさもありました。一年生でレギュラーメンバーとして試合《しあい》に出場するようになったことで、プレッシャーが重くのしかかってきました。試合《しあい》に出られることはもちろんうれしいのですが、重圧《じゅうあつ》は大きかったのです。

このころの沙絵《さえ》は、毎日、夜遅《おそ》くに母に電話をかけて、さびしさをまぎらわせていました。ときには、

「もう、いやだ」

と泣《な》きくずれることも。母は、そんな沙絵の言葉を受けとめて、

「ごめんね。お母さん、仕事していて家を空けられないから、沙絵と一緒《いっしょ》にいてあげられなくて……」

と一緒に涙《なみだ》を浮《う》かべてくれました。しかし、そんな電話でのやりとりが続《つづ》いたある日のこと。

「そんなにいやだったら、函館《はこだて》に帰ってくればいいじゃない」

と母が強くいいました。電話の向こうで涙をこぼす娘《むすめ》に対して、どうしてやることもできない。母にはそんな思いがあって、語気が強くなってしまったのかもしれません。

すると沙絵は、ハッと我《われ》に返って、涙をふいて母に食ってかかりました。

「そんなこと、できるわけない！　いま帰ったら、小林《こばやし》先生の顔に泥《どろ》をぬることになっちゃうじゃない！」

沙絵《さえ》が水海道二高《みつかいどうにこう》に進学するにあたり、小林先生をはじめたくさんの人が沙絵のために力を貸《か》してくれました。そのことを、沙絵は心に強く刻《きざ》んでいたのです。いま、つらいからと北海道《ほっかいどう》にもどってしまったら、応援《おうえん》してくれた小林先生にもうしわけない。沙絵の強い責任感《せきにんかん》が、自分自身の涙《なみだ》を止めたのでした。

レギュラーメンバーに選《えら》ばれることは、上級生だろうが、下級生だろうが、実力の結果《けっか》です。下級生が上級生をさしおいてレギュラーメンバーになることは、どんなスポーツにもあることです。

先輩《せんぱい》・後輩のきびしさから、一年生のときにはコートに入ってものびのびプレーできなかったと感じていた沙絵は、二年生に進級すると同級生とともに少しずつ部活動のルールを見なおすようになりました。仕事は部員みんなで分けあって行う。コートに立つ選手《せんしゅ》には部員全員でエールを送る。そんなふうにハンドボール部の活動を変《か》えていったことで、沙絵の心も落ちつきを取りもどしていきました。

さらに、近くに住んでいるチームメートのお母さんたちが、交代でお弁当《べんとう》を作ってくれたり、ご飯《はん》の差《さ》しいれをしてくれたりもしました。親元を離《はな》れ、遠くの高校に進学した沙絵《さえ》を、たくさんの人たちが見まもってくれました。

高校三年間をとおして、北海道函館市《ほっかいどうはこだてし》の自宅《じたく》に帰省《きせい》できたのは、一年生の夏休みだけ。その後は正月ですら帰ることができませんでした。年末《ねんまつ》は大みそかの午前中まで練習があり、年が明けて二日には初練習《はつれんしゅう》が行われるため、飛行機《ひこうき》に乗って帰省する時間がなかったのです。

キャプテンを務《つと》めていた親友は、そんな沙絵に、

「お正月は、うちにおいでよ。一緒《いっしょ》におせち料理食べようよ」

と誘《さそ》ってくれました。親友の家で家族同様に受けいれてもらい、あたたかい年末年始をすごすことができたのです。

チームメートとその家族の助けがあったから、沙絵はきびしい練習や学校生活を続《つづ》けることができました。何より、ハンドボールで上達《じょうたつ》したい、強い選手《せんしゅ》になりたいという沙絵の目標《もくひょう》は、どんなときにも変《か》わることがありませんでし

た。

「沙絵《さえ》、何かあったらいつでもいってね」

だれもが、やさしい言葉をかけてくれます。こうした周囲《しゅうい》の支《ささ》えがあったおかげで、沙絵は高校生活を乗りきることができたのでした。

ベンチにいても中心選手《せんしゅ》

まもなく三年生になるという二月。沙絵は練習中に、左ひざの前十字靭帯《ぜんじゅうじじんたい》を断裂《だんれつ》してしまいました。シュートのあと、着地をするときに、左ひざが強く曲がってしまったのです。

中学三年生で右ひざの靭帯を断裂した経験《けいけん》がある沙絵は、左ひざに衝撃《しょうげき》が加《くわ》わった瞬間《しゅんかん》、同じように切れてしまったことがわかりました。

今回は、すぐに手術《しゅじゅつ》をしなければならないほど重傷《じゅうしょう》でした。手術では、ひざの周囲にある腱《けん》という柔軟性《じゅうなんせい》のある筋《すじ》を、前十字靭帯の代わりにつなげなければなりません。

手術《しゅじゅつ》を担当《たんとう》したのは、中学時代に治療《ちりょう》してくれた医師《いし》でした。手術を受けた後、麻酔《ますい》から目が覚《さ》めた沙絵《さえ》は、

「手術をしたのだから、これでまたハンドボールができる」

と、うれしさで思わずつぶやきました。

しかし通常《つうじょう》、前十字靭帯《ぜんじゅうじじんたい》の手術を受けた後は、半年から一年はリハビリテーション※をしないと、元どおりに運動することはできません。それを待たずに無《む》理《り》をすると、せっかくつないだ腱《けん》が、また切れてしまうリスクが高いのです。

「そんなに長く待てない」

沙絵は、どうしても高校最後《さいご》のインターハイや国体に出場したいと思っていました。インターハイは七月に行われますから、その予選《よせん》大会もふくめれば、手術の三か月か四か月後には、復帰《ふっき》して試合《しあい》に出場しようと考えていたのです。

「インターハイや国体に出場できなかったら、なんのために水海道二高《みつかいどうにこう》に進学したのか、わからない」

けがをしたとき、すでに、沙絵は先発メンバーとして出場することが決まっていました。それなのに、試合に出られない、ハンドボールができないなんて、

※けがや病気などで障《しょう》がいを負ったときに、専門的《せんもんてき》な訓練《くんれん》を行って、ふだんの生活に復帰《ふっき》できるようにすること。リハビリともいう。

沙絵《さえ》は想像《そうぞう》もしていませんでした。

「どうしても試合に出たいんです」

沙絵は、医師《いし》にそううったえました。医師はあきれた顔で、

「そんなことをしたら、また、靭帯《じんたい》が切れてしまいますよ。それだけは医師として承諾《しょうだく》できません」

と、強くいい聞かせようとしました。

臨床検査技師《りんしょうけんさぎし》として医療《いりょう》の仕事に携《たずさ》わっている母は、沙絵のけががどれほど重症《じゅうしょう》かがわかります。一方で、けがを押《お》してでもインターハイや国体に出場したいと思っている沙絵の気持ちも、深く理解《りかい》していました。

「お医者さんがおっしゃるように、もう一回切れてしまうかもしれないのよ」

母は、沙絵に静《しず》かにいいました。

「それでもいいの。そういう覚悟《かくご》なの」

沙絵は即答《そくとう》しました。

「……そう、わかった」

母は沙絵の気持ちを確認《かくにん》すると、医師に向きなおっていいました。

「娘《むすめ》がどうしてもやりたいといっています。その覚悟《かくご》を親として受けとめるつもりです。先生にご迷惑《めいわく》はおかけしません」

きっぱりいう母の言葉を聞いて、医師《いし》は説得《せっとく》をあきらめるしかありませんでした。

けがが十分に治《なお》らないまま、沙絵《さえ》は七月に開催《かいさい》されたインターハイに出かけました。本来のプレーができるはずはありませんが、それでも試合《しあい》に出場しました。

ところが、九月に行われる国体の三日前に、またしても左ひざの前十字靭帯《ぜんじゅうじじんたい》を断裂《だんれつ》してしまいます。手術《しゅじゅつ》から六か月たっていましたが、まだ完全《かんぜん》に治りきっていなかったのです。シュート練習のときに、体の大きな選手《せんしゅ》が沙絵の体にのしかかるように体重をかけた瞬間《しゅんかん》のことでした。

「バチン」

沙絵には、靭帯が切れる音がはっきりと聞こえました。

国体出場を目指していた沙絵には、手術を受けている時間はありません。左ひざにぐるぐるにテーピングをし、サポーターを装着《そうちゃく》して、そのまま国体の会場に入りました。

ちょっと力が加《くわ》わるだけで激《はげ》しい痛《いた》みが沙絵《さえ》をおそい、歩くこともままなりません。決して試合《しあい》に出場できる状況《じょうきょう》ではありませんでしたが、「沙絵はチームに必要《ひつよう》だから」という監督《かんとく》の判断《はんだん》で、ベンチに入りました。

二月に左ひざ手術《しゅじゅつ》を受けて練習に復帰《ふっき》した後、コートでプレーができない間、沙絵はベンチからチームメートに応援《おうえん》の声やプレーのアドバイスを送りつづけていました。沙絵のかけ声は、チームの大きな力になっていたのです。ベンチにいても、沙絵はやっぱり中心選手《せんしゅ》でした。

そして、ベンチに入るだけだと思っていた沙絵に、出場のチャンスがやってきました。相手チームの選手がレッドカードを受けたのです。

ハンドボールでは、対戦《たいせん》したチームの選手がレッドカードを受けたときに、〝七メートルシュート〟というチャンスがあたえられます。サッカーでいうペナルティキックのように、一対一でシュートします。

通常《つうじょう》、このようなペナルティショットでは、チームの中で信頼《しんらい》が厚《あつ》い選手がシュートを担当《たんとう》します。監督《かんとく》が沙絵《さえ》のもとに歩みより、告《つ》げました。

「沙絵、シュートを頼《たの》むぞ」

その言葉にびっくりしましたが、大きくうなずくと沙絵はコートに入っていきました。走りこむことはできなかったけれど、沙絵は冷静《れいせい》にゴールを決めました。

この七メートルシュートを最後《さいご》に、沙絵の高校でのハンドボールは終わりを告げました。

コラム

ハンドボールの基本ルール

重本《しげもと》選手《せんしゅ》が小学校四年生から大学三年生まで、十年以上《いじょう》にわたって続《つづ》けたハンドボールは、チームで競《きそ》いあう球技《きゅうぎ》のひとつです。名前のとおり手を使い、ボールを投げてチームメートにパスをしたり、ゴールにシュートを打ったりします。

ルール

- 1チーム7人、1人はゴールキーパー。
- 試合《しあい》時間は、前半30分、後半30分の、計1時間。
- コートの大きさは40m×20m。バスケットボールのコートよりひとまわり大きい。
- シュートはゴールから6mのライン（6mライン）の外側《そとがわ》から打つ。ゴールにシュートが入れば得点《とくてん》になる。
- 試合中《しあいちゅう》、選手《せんしゅ》はいつでも、何度でも自由に交代ができる。

▲片手《かたて》でボールを操《あやつ》る重本選手《しげもとせんしゅ》

▲迫力満点《はくりょくまんてん》のシュートシーン

主な特徴《とくちょう》

❶ ボールが片手《かたて》で持てる

ボールは片手《かたて》で持てる大きさなので、ボールを持ちながらのすばやい移動《いどう》やパスまわしができる。

❷ 激《はげ》しい接触《せっしょく》プレー

ディフェンス（守備《しゅび》）の選手《せんしゅ》は、オフェンス（攻撃《こうげき》）の選手の正面からであれば、激《はげ》しく体をぶつけて攻撃《こうげき》の勢《いきお》いを弱めることができる。

❸ 7mスローが得点《とくてん》チャンス

片手《かたて》を大きくふりかぶって打つシュートは迫力満点《はくりょくまんてん》！　相手の反則《はんそく》であたえられる7mスローは、得点《とくてん》のチャンス。サッカーでいうＰＫ《ピーケー》。

3章　パラ陸上《りくじょう》との出会い

希望《きぼう》を胸《むね》に、日本体育大学《にっぽんたいいくだいがく》に進学

高校を卒業《そつぎょう》すると、沙絵《さえ》は日本体育大学《にっぽんたいいくだいがく》（日体大《にったいだい》）に進学しました。日体大は、日本全国から体育教師《きょうし》を目指す、あるいはスポーツ選手《せんしゅ》として競技《きょうぎ》に打ちこむ学生が集まる名門大学です。沙絵にとっても、体育教師になる夢《ゆめ》の実現《じつげん》に向けた進学。沙絵の胸《むね》には、希望《きぼう》の炎《ほのお》が燃《も》えさかっています。

日体大は、東京《とうきょう》と横浜《よこはま》にキャンパスがあり、運動部に所属《しょぞく》する学生のほとんどは寮《りょう》生活をします。学校内にある寮（合宿所）で他の学生たちと生活をともにしながら、大学の勉強をしたり、練習をしたりします。沙絵も、横浜にあるハンドボール部の寮に入りました。キャンパス内に寮があるため、早朝でも授《じゅ》業《ぎょう》が終わってからでも、時間にとらわれずに練習に集中できますし、食事も寮の食堂《しょくどう》で部員と一緒《いっしょ》に食べるので、栄養面《えいようめん》でも安心です。

大学での、高校とはちがう専門的《せんもんてき》な授業も、沙絵が夢中《むちゅう》になったもののひとつです。体育教師を目指す学生は、一年生のときに、さまざまなスポーツを体《たい》験《けん》します。陸上《りくじょう》や水泳、サッカーなど、経験《けいけん》したことがあるスポーツ以外《いがい》に、器械体操《きかいたいそう》やトランポリンなどにも挑戦《ちょうせん》しました。トランポリンでは、中心部で何度もジャンプすると、空中で体が勝手にくるりと回ります。

「私《わたし》にもトランポリンができるんだ」

「こんな体の使い方があるのか。ハンドボールでも活用できるかもしれないな」

新しいスポーツに挑戦したことで、たくさんの発見がありました。

さらに、自分が体験したスポーツの動きをそのスポーツを知らない人に伝《つた》えるために、どんな言葉を使うのか、上達《じょうたつ》するためには、どんなトレーニングメニューを組みたてるかなども勉強します。先生と生徒役《せいとやく》に分かれて、交互《こうご》に模《も》擬授業《ぎじゅぎょう》を行うのです。教師を目指す沙絵《さえ》にとっては、どの授業も新鮮《しんせん》でした。

しかしハンドボール部では、高校三年生のときに二度も前十字靭帯《ぜんじゅうじじんたい》を断裂《だんれつ》したことで、沙絵は大学進学直後はボールを使った練習がほとんどできませんでした。

高校三年生の国民体育大会（国体）直前に断裂した前十字靭帯は、国体が終わった直後の十月に再《ふたた》び手術《しゅじゅつ》を受けるほど重症《じゅうしょう》でした。前十字靭帯《ぜんじゅうじじんたい》だけでなく、ひざにある〝半月板《はんげつばん》〟という関節《かんせつ》部分が大きくけずれてしまって、ふつうなら二時間程度《ていど》で終わる手術が、四時間にもおよびました。

そのため、大学一年生の二月まで、つまり、入学してから一年近くも、けが後のリハビリテーションを続《つづ》けることになったのです。あせりはありましたが、

「いまは、時間をかけてリハビリをしなくちゃいけない。そうでないと、また大きなけがをしてしまう。いまは、リハビリのがんばりどきだ」

そう、自分にいい聞かせていました。大学では、トレーナーがつきっきりで、回復《かいふく》の時期に合わせたトレーニングメニューを組んでくれます。リハビリが進むと、ハンドボールのプレーの動きを取りいれたトレーニングへと、少しずつレベルアップしていきました。

「今日は、少しだけボールを使ったトレーニングをしてみよう」

トレーナーの先生からそういわれるのが楽しみでした。

「いまは、無理《むり》はできないけれども、けがが治《なお》ったらこんなプレーがしたい、こんなテクニックをマスターしたい。だから、それにそなえるために少しでも

筋力《きんりょく》をアップさせておこう」

そんな気持ちで、早朝にひとりグラウンドにきて自主練習に取りくみました。チーム練習に参加《さんか》できないもどかしさを抱《かか》えながらも、沙絵《さえ》は、いま自分ができることに集中していました。次にコートでプレーするときには、けがをする前よりも強い自分になっていたい。大好《だいす》きなハンドボールができないというマイナス面に目を向けるのではなく、いまを見つめて前進する沙絵の目は、キラキラと輝《かがや》いていました。

ハンドボール部の一年生は、練習以外《いがい》にもやらなければいけないことがたくさんあります。寮《りょう》での生活は、早朝の自主練習からはじまり、掃除《そうじ》や洗濯《せんたく》も順番《じゅんばん》で担当《たんとう》します。授業《じゅぎょう》に出て、夕方からの練習まで、息《いき》をつくひまもありません。

ハンドボール部の活動には、ハンドボールが強くなるという目的《もくてき》と、社会人としての成長《せいちょう》をおいもとめていくという目的のふたつがあり、どちらもおろそかにはできないのです。

沙絵《さえ》は、チームメートだけでなく、ハンドボール部監督《かんとく》の辻昇一《つじしょういち》先生とのコミュニケーションも、大切にしていました。

二年生の年末《ねんまつ》、チームメートがみんな帰省《きせい》していきます。ひとりで寮《りょう》に残《のこ》った沙絵は、辻先生を誘《さそ》って、大学のキャンパス近くにある公園でランニングをしました。走りながら沙絵は、ずっと考えていたことを口にします。

「先生、私《わたし》はハンドボールをずっと続《つづ》けてきました。チームワークとかコミュニケーションって、すごく大事ですよね」

二年生になり、部活動の中心になりつつある沙絵は、先輩《せんぱい》と後輩のあり方、部としての規律《きりつ》なども客観的《きゃっかんてき》に考えるようになっていました。

「私にできることはなんでしょうか。先生にもご意見をいただきたくて」

はっ、はっ、はっと、辻先生と並《なら》んでリズムよく走っていると、ふだんはなかなか深く話せないことも、素直《すなお》に口から出てきます。

「そうか。辻は、ちゃんと考えながらやってきたんだな」

ランニングが終わるころには、お互《たが》いの心の中を、気持ちのいい風が吹《ふ》きぬけていきました。

パラリンピックを目指してみないか

けがのリハビリも終わり、沙絵《さえ》のひざは、いよいよコートでプレーできるまでに回復《かいふく》してきました。二年生に進級すると、沙絵も本格的《ほんかくてき》に選手《せんしゅ》としての練習がはじまります。高校時代の実績《じっせき》と、リハビリ中のトレーニングで筋力《きんりょく》がついてきたこともあり、沙絵はすぐにレギュラーメンバーとしてコートに立つようになりました。

横浜市《よこはまし》にあるキャンパスに、セミの声がうるさいほどひびいています。七月、ハンドボール部は夏合宿の真っ最中《さいちゅう》でした。

練習が終わると、沙絵は監督《かんとく》の辻《つじ》先生から呼《よ》びとめられました。

沙絵が辻先生のところに走っていきます。

「大事な話があるんだ。よく聞いてほしい」

そう、辻先生は前置きをして話を進めました。

「辻、大学のある先生から、パラリンピックを目指してちがうスポーツに取りくんでみないかという相談を受けた。やってみないか」

相談を持ちかけたのは、生涯《しょうがい》スポーツ学教授《きょうじゅ》の野村一路《のむらいちろ》先生です。野村先生は以前《いぜん》から、障《しょう》がいのある日体大《にったいだい》の学生に、パラリンピックを目指す道を紹介《しょうかい》してきました。右腕《みぎうで》は短いけれどハンドボールで活躍《かつやく》してきた沙絵《さえ》のことは、入学当初《とうしょ》から注目していたといいます。辻《つじ》先生は、野村先生から相談を受けたのでした。

辻先生の言葉を聞いても、沙絵はすぐには理解《りかい》できません。

「え、パラリンピック、ですか」

パラリンピックとは、オリンピックと並《なら》ぶ、障《しょう》がい者スポーツの世界最高峰《さいこうほう》の大会です。沙絵も「パラリンピック」という言葉は知っていました。でも、それが自分とどんな関係《かんけい》があるのか。沙絵にはすぐにピンとはきませんでした。

とまどった顔の沙絵に辻先生は、

「まあ、すぐに答えを出さなくてもいいんだ。ちょっと考えておいてくれ」

といって、その場を立ちさっていきました。

先生の言葉を聞いた沙絵《さえ》は、そのまま泣《な》きくずれてしまいました。自分でもその涙《なみだ》がどうして出てくるのかがよくわかりません。ただ、勝手にあふれてくるのです。

親しいチームメートのひとりが沙絵のただならぬ様子を見て、声をかけました。

「どうした、沙絵。何があったの？」

沙絵は、幼《おさな》い子どものようにしゃくりあげるばかりでした。

「ううん、ちょっと……」

「何かつらいことがあるなら、いって。力になるよ」

沙絵の背中《せなか》にそっと手を当てて、気がすむまで泣かせてくれました。

「……ハンドボール、がんばろうって。そう思って」

沙絵は、やっと言葉をはきだすと、

「そうだよね。そのために私《わたし》たち、日体大《にったいだい》にきたんだもんね」

チームメートが元気よくうなずきました。

「うん。ハンドボール、もっとがんばる」

辻《つじ》先生の言葉を振《ふ》りきるように、もう一度沙絵《さえ》はそうつぶやきました。

「パラリンピック」という言葉を聞いた沙絵は、心に大きな衝撃《しょうげき》を受けました。障《しょう》がい者スポーツの大会に出場することを、これまで一度も考えたことがなかったのです。

小学生でハンドボールをはじめ、ハンドボールがしたくて高校も大学も、自分で進学先を決めてきました。ひたすらかべに向かってキャッチ練習をすることで、他のチームメートと同じようにプレーできるテクニックを身につけて、右腕《みぎうで》が短いというハンディを乗りこえてきたのです。その結果《けっか》、中学校でも高校でもレギュラーメンバーとして活躍《かつやく》してきました。

沙絵は、これまで右腕が短いことを「障がい」として意識《いしき》することはありませんでした。

「パラリンピックを目指してみないか」

この言葉は、

「あなたは、障がい者です」

という宣告《せんこく》を改《あらた》めて受けたようなもの。そう感じて、心が大きく乱《みだ》れたのです。

「辻《つじ》先生はこれまで私《わたし》のことをずっとひとりの選手《せんしゅ》として指導《しどう》してきてくれたのに。先生もやっぱり私のことを障《しょう》がい者として見ていたのかな」

裏切《うらぎ》られたような気持ちになった沙絵《さえ》は、真夜中、チームメートが寝静《ねしず》まった寮《りょう》の中で声を殺《ころ》して涙《なみだ》をながしました。

まもなく三年に進級する二月に、沙絵は辻先生から改《あらた》めて、

「パラリンピック出場を目指してみないか」

と、持ちかけられました。そこには、野村《のむら》先生が一緒《いっしょ》にいました。

「……パラリンピックって、障がい者の大会のことですよね」

沙絵は、少しだけ辻先生の目をにらんで、そういいかえしていました。辻先生は、

「そうだよ。他の人にはできないことがある。辻にしかできないことに挑戦《ちょうせん》してみないかということなんだ」

と、はっきりと答えました。

一緒《いっしょ》にいた野村《のむら》先生は、

「辻《つじ》さんに見てほしいものがあるんです。ちょっとだけつきあってもらえませんか」

そういうと、沙絵《さえ》を野村先生の研究室に連《つ》れていきました。

野村先生が研究室のパソコンをモニターにつなぐと、スポーツの映像《えいぞう》が映《うつ》しだされました。それは、ロンドンパラリンピックでの卓球《たっきゅう》の試合《しあい》の映像です。沙絵と同じように、右腕《みぎうで》のひじから先がない女子選手《せんしゅ》が、目にも止まらぬ速さでラケットを振《ふ》り、ボールを打ちかえしていました。

「ポーランドのナタリア・パルティカという選手だよ。彼女《かのじょ》はね、アテネパラリンピックと北京《ペキン》パラリンピック、ロンドンパラリンピックに出場して、金メダルを獲得《かくとく》しているんだ」

だまって映像を見つめる沙絵に、野村先生は解説《かいせつ》してくれます。

「そして、パルティカ選手は、北京とロンドンのオリンピックにも出場している」

それを聞いて沙絵《さえ》は、野村《のむら》先生の顔を見上げました。先生はパソコンのキーボードを触《さわ》りながら、話を続《つづ》けます。

「オリンピックとパラリンピック。両方に出場する活躍《かつやく》を続けているんだよ。辻《つじ》さんもわかると思うけど、オリンピックに出場するまではとても険《けわ》しい道のりだよね。でも、パラリンピックもオリンピックと同じくらい、選手《せんしゅ》になることも、そこで活躍することもむずかしい」

そういうと、野村先生は沙絵に向きなおりました。

「そして、パラリンピックには障《しょう》がい者でなければ出場することができない。パルティカ選手は、ふたつのきびしい道を自ら望《のぞ》んで歩いているんだよ」

沙絵の目が、野村先生の目と合いました。

話を聞きおわった後も、沙絵はモニターに映《うつ》るパルティカ選手のプレーを、食いいるように見つめていました。

パルティカ選手の映像《えいぞう》を見たことで「パラリンピック」に対する沙絵の考え方は大きく変《か》わりましたが、それでもまだ自分がその舞台《ぶたい》に立つという心境《しんきょう》にはなっていません。

じつはこのころ、

「辻《つじ》には、四年生になったらチームの主将《しゅしょう》になってほしいと思っている。そのために、三年生になったら主将候補選手《こうほせんしゅ》としてチームのまとめ役をしてくれ」

と、ハンドボール部の辻先生にいわれたばかりだったのです。チームの主将になることが決まり、ますますハンドボールへの情熱《じょうねつ》が高まっていました。大学の四年間、ハンドボール部の選手として活躍《かつやく》したいという沙絵《さえ》の気持ちは、このときにもまったく変《か》わらなかったのです。

三月に入り、野村《のむら》先生のすすめで、沙絵の体力測定《そくてい》が行われることになりました。この体力測定は、「パラリンピックの選手になる」という、沙絵の可能《かのう》性《せい》を深く探《さぐ》るためのもので、日体大《にったいだい》の他の先生にも立ちあってもらいました。

走ったりボールを投げたり、柔軟性《じゅうなんせい》を調べたりするだけでなく、最新《さいしん》の機器《きき》を使って筋肉《きんにく》や脂肪《しぼう》がどれくらいついているかを測《はか》って分析《ぶんせき》するなど、運動に関《かん》するあらゆる詳細《しょうさい》なデータが取られました。

小学生からハンドボールをはじめ、大学まで主軸《しゅじく》選手としてプレーを続《つづ》けてきた沙絵《さえ》の基礎《きそ》体力は、パラリンピックを見すえた専門家《せんもんか》たちが納得《なっとく》する内容《ないよう》でした。

体力測定《そくてい》が行われる前は、北海道《ほっかいどう》出身の沙絵には、冬の競技《きょうぎ》であるアルペンスキーが合っているのではないかと先生たちは考えていました。しかし、沙絵が中学、高校の六年間で三度も前十字靭帯断裂《ぜんじゅうじじんたいだんれつ》という大けがを負っていることから、ひざへの負担《ふたん》が大きいスキーは、候補《こうほ》からはずされました。そうして、体力測定によって陸上競技《りくじょうきょうぎ》が適《てき》しているという結果《けっか》が出たのです。

パラ陸上《りくじょう》との出会い

体力測定が行われた後、沙絵は日本体育大学《にっぽんたいいくだいがく》陸上競技部が練習するトラックに立っていました。陸上部のコーチである水野洋子《みずのようこ》先生に、沙絵がどんなタイムで走ることができるかを確認《かくにん》してもらうためです。

パラリンピックをすすめてくれた野村《のむら》先生も一緒《いっしょ》です。また、パラリンピックなどの国際《こくさい》大会に出場するためには、日本国内で障《しょう》がい者の陸上競技に出場し、公式記録《きろく》を出す必要《ひつよう》があります。そのため、障《しょう》がい者の陸上競技連盟《りくじょうきょうぎれんめい》の人も立ちあいました。

水野《みずの》先生は、

「パラリンピックの陸上競技って、どんな選手《せんしゅ》が出場してどんなタイムで走るんだろう。それに、辻沙絵《つじさえ》選手はハンドボールで活躍《かつやく》しているということだけど、本当に陸上競技をやっていけるのかしら」

と、ふしぎな気持ちで見ていました。

健常者《けんじょうしゃ》の陸上競技の指導経験《しどうけいけん》しかなかった水野先生は、当時パラリンピックについてくわしいことはまったく知らなかったのです。

「とにかく一〇〇メートルのタイムを計測《けいそく》して、どんな走り方をするのかだけでも見ておこう」

純粋《じゅんすい》な好奇心《こうきしん》もあって、沙絵をトラックに迎《むか》えたのでした。

「じゃあ、計測します。いいですか。ヨーイ、ハイ」

ストップウォッチを手に水野先生が声をかけ、沙絵が飛《と》びだしました。ゴールすると、記録は十四秒八。体育大学の学生としてはまずまずといったタイムでした。

「ハンドボール部に所属《しょぞく》しているんですよね。だからかしら、どうしても体が左右に振《ふ》れてしまいますね。もう少し腕《うで》をまっすぐに振ってみましょうか」

そう水野《みずの》先生にいわれて、沙絵《さえ》はその場で腕振りをします。

「そうそう。そんな感じ。フォームが変《か》わるだけで、きっとすぐにタイムが上がるはず」

陸上部《りくじょうぶ》のコーチである水野先生が、「練習すればすぐに速くなる」と明るくいってくれたことがうれしくて、沙絵は水野先生が教えてくれる初歩的《しょほてき》な反復《はんぷく》練習に夢中《むちゅう》になって取りくみました。

水野先生の指導《しどう》を受けてフォームを改善《かいぜん》すること一時間。沙絵が再《ふたた》び一〇〇メートルを計測《けいそく》すると、タイムが一秒もちぢんだのです。一〇〇メートルで一秒ちぢめるのは、かんたんなことではありません。

「すごいなあ。十三秒台なら日本記録《きろく》ですよ！」

びっくりして思わず言葉を発したのは、障《しょう》がい者陸上競技連盟《りくじょうきょうぎれんめい》の人です。

「辻《つじ》さんのような上肢《じょうし》障がいの選手《せんしゅ》のクラスでは、現在《げんざい》の日本記録は十四秒四九です」

その言葉を聞いて、沙絵《さえ》も水野《みずの》先生もおどろきを隠《かく》せませんでした。

「がんばれば、パラリンピックは夢《ゆめ》じゃありません」

もともと、走るのが大好《だいす》き。幼稚園《ようちえん》のころに近所の友だちとかけまわり、小学校ではいつも運動会で一番、そしてリレーの選手《せんしゅ》も務《つと》めていました。

「がんばれば、もっと速くなれる」

という言葉を聞いて、沙絵は〝走る〟陸上競技《りくじょうきょうぎ》にぐっと心をつかまれたような気がしました。

「どうですか、やってみてはいかがですか」

障《しょう》がい者陸上競技連盟《れんめい》の人が声をかけると、沙絵は、

「そうですね。ハンドボールと並行《へいこう》してやってみようかと思います」

と、答えたのでした。

そこから、沙絵のハンドボールと陸上競技の〝二足のわらじ〟がスタートしました。ハンドボール部の寮《りょう》で生活をしている沙絵は、午前中はハンドボール

部の練習に参加《さんか》します。午後は陸上競技《りくじょうきょうぎ》のトラックがある神奈川《かながわ》のキャンパスに移動《いどう》して、今度は陸上競技部の練習に参加します。

当時、日体大《にったいだい》陸上競技部には障《しょう》がい者の部員は所属《しょぞく》していませんでした。沙《さ》絵《え》がパラリンピックを目指す初《はじ》めての選手《せんしゅ》です。そのため、水野《みずの》先生が改《あらた》めて、沙絵のコーチとなりました。

障がいのある選手に本格的《ほんかくてき》に陸上競技を指導《しどう》することは、水野先生にとっても初めての経験《けいけん》です。

練習のためトラックにやってきた沙絵がスパイクシューズにはきかえるところを見て、水野先生は目を見はりました。

「自分でくつヒモを結《むす》んでる！」

水野先生は、右腕《みぎうで》のひじから先がなかったらできそうもないことを、沙絵が当たり前のようにできることにおどろいたのです。

シューズをはきおわると、今度は髪《かみ》の毛をささっとゴムで結んでポニーテールにしました。

「すごいな……」

思わず、水野《みずの》先生は言葉を飲みこんでいました。ジロジロと見つめるのは失《しっ》礼《れい》なのではないかと思いながらも、沙絵《さえ》の自然《しぜん》な仕草から目をそらすことができません。

「この子は小さいときから、何にでも挑戦《ちょうせん》してきたんだな。やればできるって。最初《さいしょ》はきっとヒモを結《むす》ぶことも、髪《かみ》の毛を結ぶこともなかなかできなかっただろうけれど、そこからはじまってだれよりも工夫《くふう》して、努力《どりょく》してきたんだな」

小学生の沙絵が、おしゃれなスニーカーをはきたいと思って一生懸命《いっしょうけんめい》くつヒモを結ぶ練習をしたことや、タンスの引き出しに髪の毛を入れて結ぶ練習をしたことを、水野先生は知りません。それでも、沙絵がどんなふうに自分と向きあい、工夫しながら挑戦してきたかを、この瞬間《しゅんかん》に理解《りかい》したのです。

沙絵には、どんな苦しい練習があっても自分の目標《もくひょう》のためには努力をおしまないという、選手《せんしゅ》として一番大事なものがそなわっている。水野先生は確信《かくしん》しました。

沙絵は中学のときに一度だけ、八〇〇メートルの選手として陸上《りくじょう》の大会に出場した経験《けいけん》がありますが、本格的《ほんかくてき》な陸上競技《りくじょうきょうぎ》の練習は初《はじ》めてのことでした。先輩《せんぱい》たちが「じゃあ、アップして」と指示《しじ》を出しても、どんなウォーミングアップをすればいいか、わかりません。きょとんとしている沙絵《さえ》の顔を見て、陸上部の先輩や同級生たちは、

「辻《つじ》さん、私《わたし》たちと一緒《いっしょ》にやろう。すぐに慣《な》れるよ！」

と、明るく声をかけてくれました。

陸上部に所属《しょぞく》する学生たちは、中学、高校でも陸上競技の選手として活躍《かつやく》してきた人ばかりです。陸上競技としての基礎《きそ》はすでに身につけて、日本体育大《にっぽんたいいく》学に進学しています。沙絵は、ハンドボールのことならなんでもわかりますが、陸上競技に関《かん》しては、初心者《しょしんしゃ》でした。

基本的《きほんてき》なフォーム、足の運び、体の使い方。ハンドボールでも全速力で走りますが、陸上競技での〝走り〟は別物《べつもの》です。ハンドボールでは向かってくる敵《てき》をかわしながらの全速力。速さは求められますが、タイムを計測《けいそく》するわけではありません。陸上競技《りくじょうきょうぎ》ではトラックのレーンをひとりで走って、百分の一秒でも速いタイムを出すことが求められます。

〝走る〟というシンプルな運動を極《きわ》めるため、取りくむべきことは山のようにありました。

「あれ、手を前に出すって、どうすればいいんだっけ？」

「後ろに蹴《け》りだすって、どうすればいいの？」

これまで意識《いしき》せずに走っていましたから、沙絵《さえ》の頭の中には〝？〟がいっぱいです。子どものころは、何も考えず、ただ楽しくて走っていました。でも、競技《きょうぎ》として陸上《りくじょう》に取りくむいま、体の動きとともに頭でもその意味を理解《りかい》したい。そうでなければ、納得《なっとく》して前に進むことができない。そんなふうに感じていました。

水野《みずの》先生は、中学・高校で陸上部の選手《せんしゅ》として活躍《かつやく》し、東海《とうかい》大学陸上部に進学。卒業後《そつぎょうご》はエアロビクスのインストラクターとなりましたが、結婚《けっこん》し子どもが小学校に上がると、ジュニア向けのランニング教室で指導《しどう》するようになりました。水野先生は、沙絵に対しても、小・中学生を相手にするようにていねいに接《せっ》してくれました。

「辻《つじ》さん、あんまり考えすぎずに、いまの動き、もう一度やってみましょう」

水野《みずの》先生が笑《わら》いながら、声をかけてくれます。一緒《いっしょ》に走って沙絵《さえ》の動きがどうちがうのかを見せてくれることもあります。

「体育大学の学生はすでに自分のスタイルを持っているから、初心者《しょしんしゃ》として基礎《きそ》練習を受けいれることができない人が多いのに、辻《つじ》さんは、素直《すなお》だな」

そんなふうに、水野先生は感じていました。

「辻さん、いまの走り、自分ではどう思う?」

「えっと、まだまだ遅《おそ》いです」

「ううん、そうじゃないの。自分の体のどこをどう使ったら、どう動いたか、それを言葉にしてみて」

一本走るごとに、水野先生は必《かなら》ず沙絵に自分の走りを振《ふ》りかえらせました。

「うーん、むずかしいな。ハンドボールの練習では、一つひとつの動作について毎回言葉にするということはなかったなあ」

沙絵は、最初《さいしょ》のうちはとまどいを感じていました。

自分の体と、頭で考えていることがどうつながっているか。また、水野先生の言葉を、どうやって自分なりに走りとして実現《じつげん》させようとしたか。その結果《けっか》、イメージとどうちがったか。言葉をあいまいにすると、水野《みずの》先生からどんどん質問《しつもん》が飛《と》んできます。あいまいなままでは次の練習に進めないのです。

「〝赤い果物《くだもの》〟という言葉で、私《わたし》はリンゴを想像《そうぞう》しても辻《つじ》さんはイチゴを想像するかもしれないでしょう？　ふたりの頭の中に思い描《えが》くのが同じ赤いリンゴでなければ、理解《りかい》しあえない。だから、ちゃんと言葉にして伝《つた》えあうのが大切なの」

水野先生は、基礎《きそ》練習をおこなううえで、沙絵《さえ》とのコミュニケーションを、何よりも重視《じゅうし》していました。

沙絵はどんな練習でも、水野先生が指導《しどう》することを、乾《かわ》いた砂《すな》が水を吸収《きゅうしゅう》するように受けいれて取りくみました。

「もう、覚《おぼ》えることがいっぱいで、昨日《きのう》やったことをわすれちゃう」

と、沙絵は苦笑《にがわら》いしながらロボットのようにギクシャクと体を動かします。

それでも、毎日練習を続《つづ》けていると、体は少しずつ前日やったことを思いだし、一つひとつの練習を積《つ》みあげていくことができるようになっていきました。

陸上競技《りくじょうきょうぎ》をはじめてわずか四か月後の七月。沙絵《さえ》は、東京《とうきょう》で開催《かいさい》された関東《かんとう》障《しょう》がい者陸上競技《しゃりくじょうきょうぎ》選手権大会《せんしゅけんたいかい》の一〇〇メートルに出場しました。タイムは十三秒二二。日本記録《きろく》を打ちたてたのです。

「え、たったこれだけで日本一になっちゃうの？」

沙絵にとっては、うれしさよりもとまどいの方が大きいのでした。

「ハンドボールは、あんなに練習しても全国大会で優勝《ゆうしょう》することができなかったのに……」

障がい者の陸上競技はこの程度《ていど》のものなのか。そんな張《は》りあいのなさがあったのです。

その後、日本選手権《にほんせんしゅけん》、ジャパンパラ競技大会《きょうぎたいかい》と全国大会に出場。沙絵は安定して一〇〇メートルを十三秒台前半のタイムで走るようになっていました。

障がい者の陸上競技大会ではスタンドで応援《おうえん》する人も少なく、大会関係者《かんけいしゃ》や選手《せんしゅ》の家族がパラパラと拍手《はくしゅ》を送るくらいです。ハンドボールの全国大会は、中学でも高校でも体育館では応援団《おうえんだん》が大きな声で声援《せいえん》を送っていました。さびしいスタンドを見上げながら、

「ちょっと、つまらないなあ」

と感じていました。

それでも陸上競技《りくじょうきょうぎ》をやめてしまおう、という気持ちはふしぎと起こりませんでした。というのも、チームスポーツのハンドボールとは異《こと》なり、陸上競技は自分が練習したら、その分だけタイムとして表れます。それが、そのままよろこびにつながる。とても新鮮《しんせん》でした。

また、沙絵《さえ》が日本新記録《しんきろく》を出した関東選手権《かんとうせんしゅけん》の後、日本選手権《にほんせんしゅけん》で高校生の選手にわずかのタイム差《さ》で負けたことも、沙絵の負けずぎらいに火をつけました。

周《まわ》りにうながされしぶしぶはじめた陸上競技でしたが、練習を重ねた結果《けっか》が大会で発揮《はっき》できることを経験《けいけん》すると、少しずつ競技としての魅力《みりょく》を感じるようになっていきました。

初《はじ》めての世界選手権《せんしゅけん》

二〇一五年十月。中東《ちゅうとう》の国カタールの首都ドーハで、パラ陸上競技の世界選《せん》手権《しゅけん》が開催《かいさい》されました。世界各国《かっこく》から国を代表する選手《せんしゅ》が集まります。翌《よく》二〇一六年には、ブラジル・リオデジャネイロでパラリンピックが行われますが、この世界選手権《せんしゅけん》で金メダルを獲得《かくとく》すると、リオデジャネイロパラリンピックの出場権が得《え》られるという、大事な大会でした。集まってくる選手は、だれもが「自己《じこ》ベストを出したい」「優勝《ゆうしょう》しよう」「世界新記録《しんきろく》を出してやるんだ」という意気ごみでのぞみます。

この世界選手権に、沙絵《さえ》は初《はじ》めて出場しました。ハンドボールでは何度も全国大会を経験《けいけん》していますが、国際《こくさい》大会に出場するのは初めてのことです。

「うわー、すごい！　スタンドにいっぱい観客がいる」

英語《えいご》のアナウンスがひびき、テレビで見るような世界選手権の緊張感《きんちょうかん》や雰囲《ふんい》気《き》がそっくりそのまま、トラックにいる沙絵にも伝《つた》わってきました。

「日本の国内大会とは、全然《ぜんぜん》ちがうなあ」

国際大会とは、こういうものなのか。ピリッとした空気を、胸《むね》いっぱいに吸《す》いこみたい気分でした。

でも、何よりおどろいたのは、競技《きょうぎ》する選手たちのレベルの高さです。国内大会に出場した経験《けいけん》はありましたから、パラ陸上《りくじょう》の大会にはさまざまな障《しょう》がいの選手《せんしゅ》が出場することはわかっていました。けれども、沙絵《さえ》は自分のレースが終わるとすぐに帰っていたので、他の選手たちのレースを見ることはありませんでした。

世界選手権《せんしゅけん》で沙絵は、躍動《やくどう》する各国《かっこく》の代表選手たちの姿《すがた》に心をうばわれていました。

「陸上競技《きょうぎ》用の義足《ぎそく》って、かっこいい！　それにすごく速い」

「レーサー（陸上競技用車いす）のスピードは、自転車レースくらいなんだな」

「目の見えない選手はガイド（選手と一緒《いっしょ》に走ってコースなどを教える伴走《ばんそう》者《しゃ》）と走るのか。ふたりの息《いき》がぴったりあってる」

沙絵は、自分も選手であることをわすれて、夢中《むちゅう》でさまざまな選手が競《きそ》いあう姿を見つめていました。

パラ陸上競技は、選手の障がいの状態《じょうたい》や程度《ていど》に応《おう》じて、細かいクラス分けが存在《そんざい》します。たとえば、沙絵のように片腕《かたうで》のひじから先がない選手のクラスはT《ティー》47。片足のひざから下に義足《ぎそく》をつけている選手はT44というふうに、数字がクラスを示《しめ》しています。

他にもレーサー（競技用車いす《きょうぎようしゃいす》）を使用する選手《せんしゅ》は状態《じょうたい》や程度《ていど》によって八クラスに分かれています。視覚障《しかくしょう》がいの選手のクラスは三つあります。こうしたクラス分けがあることによって、出場選手が公平に競技《きょうぎ》できるのです。

沙絵《さえ》はT《ティー》47の一〇〇メートル予選《よせん》に出場。十三秒一七という自己《じこ》ベストの成績《せいせき》で決勝に進み、六位入賞《いにゅうしょう》という結果《けっか》を残《のこ》しました。

「ハンドボールと陸上《りくじょう》の両方の練習でクタクタになっていたのに六位かあ。ってことは、陸上の練習をもっとがんばれば、メダルがとれるかもしれないんだ！」

それが、自分のレースが終わった直後の、沙絵の率直《そっちょく》な感想でした。

この世界選手権《せんしゅけん》で、日本の山本篤《やまもとあつし》選手が走り幅跳《はばと》びで金メダルを獲得《かくとく》しました。山本選手は、高校生のときに交通事故《こうつうじこ》にあい、左足のひざから上で切断《せつだん》し、義足《ぎそく》を使用して陸上競技に取りくんでいます。初《はじ》めて出場した二〇〇八年の北京《ペキン》パラリンピック走り幅跳びで銀メダルを獲得した、日本のパラ陸上を代表する選手です。

表彰式《ひょうしょうしき》がはじまり、沙絵《さえ》も日本の選手《せんしゅ》たちと一緒《いっしょ》に表彰台を見つめていました。一番最後《さいご》に名前が呼《よ》ばれて、山本《やまもと》選手が表彰台に上がります。輝《かがや》くばかりの金メダルを首にかけてもらうと、あたりは静《しず》かになりました。そして、『君が代』がながれ、スタンドに設置《せっち》されたポールを、日の丸の旗《はた》がスルスルとあがっていきます。山本選手のくちびるは、ほこらしげに『君が代』の歌詞《かし》のとおりに動いていました。

「金メダルって、すごい。いったいどれだけ努力《どりょく》してきたんだろう。本番でしっかり実力を発揮《はっき》した山本選手はすごいなあ」

初《はじ》めての国際《こくさい》大会、日本人の金メダル。同じトラックに立ち、同じ空気の中でレースをした沙絵は、

「山本選手が立っている、あの場所に立つことができたら、どんなに幸せなんだろう」

と、大きな感動に包《つつ》まれていました。

「いつか、私《わたし》も表彰台に立ってみたい。きっと、立ってみせる！」

沙絵の心に、新しい炎《ほのお》が燃《も》えはじめました。

「ドーハの世界選手権《せんしゅけん》に初《はじ》めて出場したことは、私《わたし》の人生を大きく変《か》える節目《ふしめ》になりました」

現在《げんざい》、パラ陸上競技《りくじょうきょうぎ》の選手として活躍《かつやく》する沙絵《さえ》は、ドーハの世界選手権に出場したことで自分の目標《もくひょう》が定まった、といいます。

「最初《さいしょ》に辻《つじ》先生に〝パラリンピックを目指してみないか〟といわれたときに感じたおどろきや悲しみが、きれいさっぱりなくなりました。世界選手権には、世界中からたくさんのパラアスリート（障《しょう》がい者の選手）が集まっています。みんなが障がいとは関係《かんけい》なくスポーツをしている姿《すがた》に、本当に感動したんですね。人を感動させるスポーツはすばらしいって、改《あらた》めて思いました」

その感動は、沙絵だけでなく水野《みずの》先生も同じように受けとめていました。

「私自身、世界選手権にコーチとして参加《さんか》するのは初めてのことでした。辻さんは生まれつき障がいがあったため幼《おさな》いころから自分なりに工夫《くふう》してきましたが、交通事故《こうつうじこ》や病気など人生の途中《とちゅう》で障がいを負った選手も多い。選手はだれもが、障がいがあっても自分の好《す》きなスポーツに打ちこんでいる。どんな人も、スポーツで輝《かがや》くことができる。それを、世界選手権《せんしゅけん》で感じることができたのです」

健常者《けんじょうしゃ》のスポーツでも、選手の活躍《かつやく》に思わず胸《むね》を熱《あつ》くすることはたくさんあります。パラスポーツもまったく同じなのだ、ということを、沙絵《さえ》も水野《みずの》先生も、はっきりと感じていたのです。

「人間の限界《げんかい》って、どこにあるんだろう。限界なんか、ないのかもしれない」

沙絵は、ドーハでそう感じていました。障《しょう》がいのある、なしに関係《かんけい》なく、スポーツはあらゆる人を感動させることができます。

「もっと、もっと陸上競技《りくじょうきょうぎ》で上達《じょうたつ》したい。もっと速くなって、いつか山本《やまもと》選手みたいに金メダルを獲得《かくとく》したい！」

レベルアップして好《こう》タイムを出せるようになれば、野村《のむら》先生の研究室で見た卓球《たっきゅう》のナタリア・パルティカ選手のように、オリンピックとパラリンピックの両方に出場できるかもしれない。それは、障がい者である自分にしか挑戦《ちょうせん》できないことなのだ。沙絵は、半年前に見たパルティカ選手の映像《えいぞう》を思いだしていました。

二〇一五年、すでに二〇二〇年東京《とうきょう》オリンピック・パラリンピックが開催《かいさい》されることが決まっていました。

「がんばれば、東京オリンピック・パラリンピックのメインスタジアムで、メダルを獲得《かくとく》する走りができるかもしれないんだ」

将来《しょうらい》、中学生のころからの夢《ゆめ》である体育教師《きょうし》になったときに、パラリンピックに挑戦《ちょうせん》した経験《けいけん》は、きっと生徒《せいと》たちの心にひびくだろう。ハンドボールは、社会人になってクラブチームでプレーすることもできる。でも、パラリンピックには、いましか挑戦できない。いま、あきらめたら、二度とチャンスはない。

沙絵《さえ》の心は、このときからまっすぐにパラリンピックの陸上競技《りくじょうきょうぎ》に向かっていったのです。

コラム

パラ陸上競技《りくじょうきょうぎ》のクラス分け

障《しょう》がいのあるアスリートが競《きそ》いあうパラスポーツの祭典《さいてん》、パラリンピック。世界中から、障がいの種類《しゅるい》も程度《ていど》もさまざまなアスリートが参加《さんか》します。

国際《こくさい》パラリンピック委員会《いいんかい》（IPC《アイピーシー》）は、障がいの差《さ》が競技結果《きょうぎけっか》に影響《えいきょう》をおよぼさないようにするために、「国際クラス分け基準《きじゅん》」を設定《せってい》しています。

クラス分けは、競技によって、細かく設定されています。ここでは、パラ陸上《りくじょう》競技のクラス分けのしかたを、かんたんに説明《せつめい》します。

クラス分けの目的《もくてき》

クラス分けをする目的《もくてき》は、大きく2つあります。

❶ 障《しょう》がいの確認《かくにん》

参加《さんか》がみとめられている障《しょう》がいの種類《しゅるい》・程度《ていど》を明確《めいかく》にする。

❷ 公平に戦《たたか》う

同じ程度《ていど》の障《しょう》がいの選手同士《せんしゅどうし》で競技《きょうぎ》グループをつくり、公平に競《きそ》えるようにする。

重本選手《しげもとせんしゅ》の場合

① 競技種類《きょうぎしゅるい》　② 障《しょう》がいの種類《しゅるい》　③ 障《しょう》がいの程度《ていど》

T 4 7

クラス分けのルールは左ページへ

（　の部分は重本選手《しげもとせんしゅ》のクラス）

① 競技種類《きょうぎしゅるい》

F：フィールド競技《きょうぎ》

- こん棒《ぼう》投げ
- 円盤《えんばん》投げ
- 砲丸《ほうがん》投げ
- やり投げ

T：トラック競技《きょうぎ》

- 100m
- 200m
- 400m
- 800m
- 1500m
- 5000m
- 4×100mリレー
- 走り幅跳《はばと》び
- 4×400mリレー
- 走り高跳《たかと》び

② 障《しょう》がいの種類《しゅるい》

〈10番台〉視覚障《しかくしょう》がい

目がまったく見えない、または見えにくい障《しょう》がい

〈20番台〉知的障《ちてきしょう》がい

読み書きや計算、ものごとの理解《りかい》を苦手とする障《しょう》がい

〈30番台〉脳性《のうせい》まひ

体がうまく動かない障《しょう》がい

〈40番台〉切断《せつだん》・機能障《きのうしょう》がい（立位《りつい》）

体の一部がなかったり、短かったり、動きにくかったりする障《しょう》がいのうち、立って行う競技《きょうぎ》

〈50番台〉切断《せつだん》・機能障《きのうしょう》がい（車いすまたは投てき台）

体の一部がなかったり、短かったり、動きにくかったりする障《しょう》がいのうち、車いすや投てき台（体を固定《こてい》する器具《きぐ》）を使う競技《きょうぎ》

③ 障《しょう》がいの程度《ていど》 〈上肢切断《じょうしせつだん》・機能障《きのうしょう》がいの場合〉

片腕《かたうで》のひじより先がない、動きにくい

7　6　5

軽い ⟵⟶ 重い

※40番台は他に、
【0～1】は低身長《ていしんちょう》、
【2～4】は下肢切断《かしせつだん》
となっている
くわしくは、パラ陸連《りくれん》のホームページ参照《さんしょう》
https://jaafd.org/sports/basic-knowledge

4章　笑顔《えがお》と涙《なみだ》のリオパラリンピック

ハンドボールからパラ陸上《りくじょう》へ

決意を新たにして帰国した沙絵《さえ》は、十一月に函館市《はこだてし》で開催《かいさい》されたハンドボールの大学選手権《せんしゅけん》に出場しました。大会が終わると、沙絵はハンドボール部監督《かんとく》の辻昇一《つじしょういち》先生と函館に住む両親に、自分の今後についての決意を報告《ほうこく》しました。

「辻先生、これまで本当にお世話になりました。ずっと続《つづ》けてきたハンドボールですが、この先は陸上の選手として、パラリンピックを目指そうと思います」

と、目を見て伝《つた》えました。

「うーん、そうか、そうか。自分で、決めたんだな」

辻先生は、腕《うで》ぐみをしたまま何度もうなずいて、もう一度、沙絵にたずねます。

「ハンドボールは、もうやらないのか。両立は、やはりむずかしかったか」

「先生は私《わたし》に、〝辻にしかできないことがある。それに挑戦《ちょうせん》してみないか〟っておっしゃいました。私にしかできないことに、挑戦しようと思います」

沙絵《さえ》は、辻《つじ》先生の目を見て、それから両親の目を見て、覚悟《かくご》を口にしました。こうして、沙絵はパラ陸上《りくじょう》の選手《せんしゅ》として、新しい一歩をふみだしたのです。

大学にもどると、今度は水野洋子《みずのようこ》先生に自分の決断《けつだん》を伝《つた》えました。

「水野先生、これからはパラ陸上の選手として、それだけに集中して取りくみたいと思います。どうぞ、よろしくお願いいたします」

そういうと、沙絵はペコリと頭を下げました。

「そう、わかりました。陸上一本でパラリンピックを目指すのね」

水野先生がそう問いかけると、

「はい。パラリンピックでメダルを獲得《かくとく》したいと思います。そこを目指して練習します」

と、沙絵は自分が目指す目標《もくひょう》を口にしました。

水野先生は、びっくりしていました。パラリンピックの出場だけではなく、メダル獲得を目指す。まだ陸上競技《きょうぎ》をはじめたばかりの沙絵の目標として、あまりにも無謀《むぼう》な挑戦《ちょうせん》のように思えたのです。でも、沙絵の目を見つめると、本気だということが伝《つた》わってきました。

「わかりました、辻《つじ》さん。辻さんの目標《もくひょう》が達成《たっせい》できるように指導《しどう》していくつもりです。でも、練習は相当きついわよ。大丈夫《だいじょうぶ》かしら」

「はい。ハンドボールのどんなきびしい練習も、これまでずっとやってきました。陸上《りくじょう》一本に取りくむために、大好《だいす》きなハンドボールをやめると決めたんです。大丈夫です。弱音ははきません」

沙絵《さえ》は、水野《みずの》先生の目を見て、きっぱりと答えました。


沙絵が陸上競技《きょうぎ》だけの選手《せんしゅ》としてスタートしたのは、二〇一五年十二月。このとき、メダル獲得《かくとく》を目指すブラジル・リオデジャネイロパラリンピックの開《かい》催《さい》まで、一年を切っていました。リオパラリンピックに出場するためには、海外で行われるレースに出場して世界ランキングを三位以内《いない》に上げておかなくてはいけません。そうすれば、出場権《しゅつじょうけん》が得《え》られる可能性《かのうせい》が非常《ひじょう》に高くなるのです。

水野先生は、翌年《よくねん》三月にアラブ首長国連邦《しゅちょうこくれんぽう》の都市・ドバイで行われる大会で世界ランキングを三位以内に上げ、リオパラリンピック出場の切符《きっぷ》をつかむことを目標《もくひょう》に、練習のプランを立てました。

沙絵《さえ》が初《はじ》めて出場し、パラ陸上《りくじょう》に専念《せんねん》するきっかけとなったドーハの世界選《せん》手権《しゅけん》では、沙絵は一〇〇メートルに出場しました。が、世界のパラ陸上の選手の記録《きろく》を調べると、パラリンピックのメダルを目指すなら四〇〇メートルの方がメダル獲得《かくとく》の可能性《かのうせい》が高いということが、水野《みずの》先生にはわかりました。

「一〇〇メートルで二秒も三秒もタイムをちぢめることはむずかしいけれど、ペース配分して走る四〇〇メートルでなら、世界ランキング三位《い》を実現《じつげん》できそう。どう、がんばれるかしら？」

「四〇〇メートルはこれまで挑戦《ちょうせん》していないので、先生に一から教えてもらって達成《たっせい》させたいです！」

「走り方も一〇〇メートルと全然《ぜんぜん》ちがうわよ」

「どんなにきつくても、やるだけです！」

春から秋にかけて、陸上競技《きょうぎ》はレースの本格《ほんかく》シーズンです。反対に十二月からドバイの大会が行われる三月までは、みっちりと冬季《とうき》練習に取りくめる期間です。

沙絵《さえ》の走りのフォームは、四〇〇メートルを走るには、まだ理想とはほど遠い状態《じょうたい》でした。ハンドボール選手《せんしゅ》時代の走り方のクセで、どうしても体が左右にブレ、歩幅《ほはば》が狭《せま》くなってしまうのです。体が左右にブレると、走る力が前に集中せず、速度にロスが生じてしまいます。足の動きが小刻《こきざ》みだと、後半に疲《つか》れが出てしまいます。四〇〇メートルでは、パーン、パーンと地面を弾《はじ》くような大きな走りをしなくてはいけません。

練習では、四〇〇メートル走をくりかえすだけではなく、一〇〇メートル、二〇〇メートル、三〇〇メートル、四〇〇メートル、五〇〇メートルというふうに、距離《きょり》を変《か》えて走りこみます。一〇〇メートルではスタートダッシュするときの感覚《かんかく》を身につけ、五〇〇メートルでは後半のラストスパートでどんなふうに力を出しつくすかを考えて走ります。距離を変えることで、さまざまな状《じょう》況《きょう》に対応《たいおう》できる走りになっていくのです。

距離を変えた走りこみを三セット終わらせたら、すぐに一〇〇メートル走を、タイムを決めて五十セット。中学時代、陸上部《りくじょうぶ》の練習内容《ないよう》を聞いて「気持ち悪くなっちゃう」としりごみしていた練習に、沙絵は積極的《せっきょくてき》に取りくみました。

「沙絵《さえ》。またピッチ（足の回転）が細かくなってる。もう一度」

疲《つか》れて無意識《むいしき》に足が小刻《こきざ》みになってしまうと、すぐに水野《みずの》先生から注意が飛《と》んできます。

「はい」

そう答えて、スタートからゆっくり足を動かすように走ると、今度は全体のスピードが落ちてしまいました。

沙絵がとまどい、迷《まよ》った顔をすると、水野先生はすぐにその場で説明《せつめい》をしてくれます。

「四〇〇メートルを何歩で何回転させれば一番速く走れるか。それを自分の体でつかむことが、ロスのない走りにつながるの。だから、何度でもやるのよ」

また、いい走りをしたときには、その感覚《かんかく》をわすれないうちにそのことを伝《つた》えてくれます。

「そう、いまの走り！　いまの一本、どこがどうよかったか、振《ふ》りかえってみて」

「腕《うで》をまっすぐに振ることを意識《いしき》しました」

「そうね。じゃあ、もう一度」

沙絵《さえ》の体の状態《じょうたい》を常《つね》に把握《はあく》しておくために、水野《みずの》先生は疲労《ひろう》の程度《ていど》も確認《かくにん》します。

「沙絵、だいぶ疲《つか》れてきたみたいね。最大《さいだい》の疲れを十とすると、いまの疲れはどのくらい？」

「はあ、はあ、はあ。そうですね、多分、六ぐらい」

走ったあと、呼吸《こきゅう》を整えるひまもなく沙絵が答えます。

水野先生と沙絵のコミュニケーションの密度《みつど》は毎日、毎日どんどん濃《こ》くなっていきました。

日体大陸上競技部《にったいだいりくじょうきょうぎぶ》での練習だけでなく、一週間に一日、中央大学《ちゅうおうだいがく》女子陸上部の学生との合同練習にも参加《さんか》しました。中央大陸上部の練習場所は群馬県《ぐんまけん》です。

そこでは、トラックでの練習だけでなく、近所の神社に行き八十段《だん》ある石段を七秒台でかけあがる練習や、山中を走る練習もあります。

「沙絵、ガンバ！」

「はい。ガンバ！」

中央大陸上部《ちゅうおうだいりくじょうぶ》の選手《せんしゅ》たちとはげましあうことで、個人競技《こじんきょうぎ》の陸上でも、ハンドボール仲間《なかま》のような連帯感《れんたいかん》も生まれていきました。

「いやあ、がんばるっていったけど、本当にきついなあ」

心でそう思っても、沙絵《さえ》は決して「もう、できない」と弱音をはくことはありませんでした。

「陸上一本にしぼって、パラリンピックでメダルを取るためにハンドボールをやめたんだもの。ちゃんと胸《むね》をはれるような結果《けっか》を出したい」

何度でも、そのことを思いだして練習に取りくんでいったのです。そうするうちに、はじめのころはおいつけなかった他の陸上競技部の学生と、タイムで競《せ》りあい、ときには上回るまで上達《じょうたつ》してきました。

四〇〇メートルで自己《じこ》ベスト更新《こうしん》

二〇一六年三月、沙絵はパラ陸上の国際《こくさい》大会に出場するため、水野《みずの》先生とドバイに向かいます。ドーハの世界選手権《せんしゅけん》から四か月がたっていました。

冬季《とうき》練習とともに、沙絵《さえ》はやったことがないことにチャレンジしました。それは、短い右腕《みぎうで》に競技用《きょうぎよう》の義手《ぎしゅ》を装着《そうちゃく》することです。

沙絵は、パラ陸上《りくじょう》をはじめるまでは、日常《にちじょう》生活でもハンドボールでも義手をつけることはありませんでした。短い右腕を使ってどんなこともこなしてきましたし、選手同士《せんしゅどうし》の接触《せっしょく》が激《はげ》しいハンドボールでは、アクセサリーなどの装飾《そうしょく》品《ひん》や義手をつけることはみとめられていなかったからです。

陸上競技では、多くの選手が両手をついて号砲《ごうほう》とともにスタートするクラウチングスタートを行います。右腕の短い沙絵は、陸上をはじめたばかりのころは立ったままスタートしていました。しかし、低《ひく》い姿勢《しせい》でスタートするクラウチングスタートは、より早いタイミングで体を前に運ぶことができます。日本人選手でも海外の選手でも、沙絵と同じT《ティー》47クラスの中には、陸上競技用の義手を腕に装着してクラウチングスタートする選手がいました。

そこで、沙絵も自分に合わせた義手を初《はじ》めて注文することにしたのです。義手を使うことで、スタートのときの腕の高さを合わせせられるだけでなく、両手をバランスよく振《ふ》って走ることができるようになりました。

「これなら、さらにしっかり腕《うで》が振《ふ》れるからタイムも上がるはず」

沙絵《さえ》は、初《はじ》めて作った競技用義手《きょうぎようぎしゅ》とともに、ドバイに乗りこみました。

ドバイで出場した初めての四〇〇メートルのレースで、沙絵は失敗《しっぱい》をしてしまいます。スタートから全速力で飛《と》びだし、ペース配分がうまくいかずに後半失速《しっそく》してしまったのです。

ゴールすると、沙絵の足から力が抜《ぬ》けていくようでした。

「あんなに一生懸命《いっしょうけんめい》、練習してきたのに。あれだけペース配分が大事だって、洋子《ようこ》さんと確認《かくにん》してきたのに……」

沙絵は、汗《あせ》をふくタオルに顔をうずめました。涙《なみだ》があふれて止まらなかったのです。

夜、ホテルにもどった沙絵は、水野《みずの》先生に「ちょっと体調が悪いみたいです」と、告《つ》げました。

「そう。体調が悪いなら、無理《むり》をすることはないのよ」

水野先生は答えます。このままドバイから逃《に》げて帰りたい。沙絵の頭に、一《いっ》瞬《しゅん》そんな思いが浮《う》かびました。

「どう、体調が悪いの？」

もう一度、水野《みずの》先生は、やさしく沙絵《さえ》に聞きました。

「……なんか、緊張《きんちょう》、なんですかね。タイム感覚《かんかく》もまだまだ身についていなかった。大失敗《だいしっぱい》しちゃいました」

そう、沙絵がレースを振《ふ》りかえると、先生はにっこり笑《わら》って、

「ふふふ。ちゃんとわかってるじゃない」

と、沙絵の肩《かた》に手を置いてそっとさすってくれました。沙絵のほおを、また一筋《ひとすじ》の涙《なみだ》がながれていきました。

ドバイでの四〇〇メートルは、もう一レース残《のこ》っていました。このレースで結果《けっか》を出せば、まだパラリンピック出場の可能性《かのうせい》は十分にあります。

「沙絵、こんな遠いドバイまで、あなたはなんのために来たの？」

「大好《だいす》きなハンドボールをやめて、あんな苦しい陸上《りくじょう》の練習をがんばってきたのは、なんのため？」

時計の針《はり》は、もう深夜二時を回っていました。

「でも、体調が悪いなら、無理《むり》しちゃダメ。このまま帰っても、だれも沙絵《さえ》を責《せ》めることはないのよ」

水野《みずの》先生は、涙《なみだ》をながす沙絵の横に座《すわ》って、沙絵が自分で答えを出すのをずっと待っていてくれました。

「……いえ。いいえ。洋子《ようこ》さん、私《わたし》、やります」

沙絵がついにこういいました。

「陸上《りくじょう》でパラリンピックに出るために大好《だいす》きなハンドボールをやめたんです。もう一度、走ります。次のレースに出場します！」

自分で答えを出した沙絵は、四〇〇メートルの二戦目《せんめ》に出場すると、五十九秒七二のタイムで優勝《ゆうしょう》しました。初《はじ》めて六十秒を切る自己《じこ》ベストの記録《きろく》を出したのです。そして、このレースの結果《けっか》によって、沙絵の世界ランキングは三位《い》に上がりました。

「洋子さんのおかげだ。夜中まで私と話をしてくれて、私が逃《に》げださずにレースに向かう気持ちになるのを待ってくれた。どこまでも、先生についていこう」

この大会で、水野先生との強い絆《きずな》を築《きず》くことができたと、沙絵は実感したのでした。

努力《どりょく》が実ったリオパラリンピック

二〇一六年九月。ブラジル・リオデジャネイロでパラリンピックが開幕《かいまく》しました。真《ま》っ青《さお》な南半球の空。陽気なブラジル人たち。ブラジルには日本から移住《いじゅう》した人が多く、日本チームには地元のブラジル人たちからたくさん声援《せいえん》が送られます。沙絵《さえ》も現地《げんち》に入ると、ボランティアスタッフなどから「コンニチハ！」「ガンバッテ！」と日本語で声をかけられました。

沙絵の最初《さいしょ》のレースは、九月十日に行われた一〇〇メートル予選《よせん》。陸上競技《りくじょうきょうぎ》会場であるマラカナン・オリンピックスタジアムに足をふみいれると、スタンドからの声援がトラックにひびいています。

「八月にはここで、ボルト※選手《せんしゅ》も走ったのか。すごいなあ。そんなスタジアムに、私《わたし》も立っているんだな」

沙絵は、初《はじ》めてのパラリンピックに興奮《こうふん》を抑《おさ》えきれません。緊張《きんちょう》よりもよろ

※ウサイン・ボルト。ジャマイカの元陸上短距離選手《りくじょうたんきょりせんしゅ》。陸上競技《きょうぎ》100、200メートルの世界記録《きろく》保持者《ほじしゃ》。リオ五輪《オリンピック》で、100、200メートルの五輪3連覇《れんぱ》を達成《たっせい》。2017年に引退《いんたい》。

こびが、全身をめぐっているようでした。

「私《わたし》の本番は、四〇〇メートル。トラックの感触《かんしょく》に慣《な》れておきたいし、この雰《ふん》囲気《いき》にものまれないようにしなくちゃ」

初戦《しょせん》となった一〇〇メートル予選《よせん》は、肩《かた》に力を入れることなく走りきることができました。

一年前、ドーハの世界選手権《せんしゅけん》で、沙絵《さえ》は世界トップクラスの大会の重圧《じゅうあつ》を初《はじ》めて感じました。しかし、パラリンピックという舞台《ぶたい》で感じる重圧は、それ以《い》上《じょう》の大きさでした。

そのことをまざまざと感じたのは、四〇〇メートル決勝の前日です。明日はいよいよメダルがかかったレースだと思うと、沙絵の足は震《ふる》えが止まらなくなりました。

水野《みずの》先生は、沙絵が滞在《たいざい》している選手村とは別《べつ》のところに宿泊《しゅくはく》していましたが、毎日、選手村のレストランで一緒《いっしょ》に食事をとりながら、レースやウォーミングアップの確認《かくにん》をしています。この日も、水野先生と夕食をとった後、いつ

ものように選手村《せんしゅむら》のゲートまで、沙絵《さえ》は見送りに行きました。水野《みずの》先生がゲート近くにある広場を指さしながら、

「明日の朝、ここでふたりだけでウォーミングアップをしない？　最後《さいご》にもう一度、走る動作を確認《かくにん》しましょう」

そう声をかけても、沙絵はどこか上《うわ》の空です。

「じゃあ、沙絵、明日の朝。また、ここで」

水野先生は、つとめて明るくそういうと、大きく手を振《ふ》ってゲートの外に出て、宿泊《しゅくはく》しているホテルにもどっていきました。

そしてレース当日の朝。水野先生が約束《やくそく》の時間に選手村を訪《おとず》れ、ふたりでひととおり最後の確認をしながら軽いウォーミングアップをすませました。

「じゃあ、あとはスタジアムで。待ってるよ」

そう水野先生が沙絵に声をかけると、沙絵はいきなり大きく肩《かた》を震《ふる》わせてボロボロと涙《なみだ》をこぼしはじめました。

「洋子《ようこ》さん、私《わたし》、こわい！」

子どものように泣《な》きじゃくりはじめます。

「メダルをとっていいつづけてきたけど、そんなこと本当にできるんでしょうか。私《わたし》が負けたら日本が負けたことになってしまうし、ハンドボールをやめてまでここにきたのに。ああ、失敗《しっぱい》したら、どうしよう」

大事なレースを目前にして、ただただ、恐怖《きょうふ》が心を占領《せんりょう》してしまったのです。

ハンドボールをやっていたときにも味わったことがない、初《はじ》めての経験《けいけん》でした。

そんな沙絵《さえ》を、水野《みずの》先生は幼《おさな》い子どもを抱《だ》くようにしっかりと抱きしめました。水野先生に、沙絵の心の中の嵐《あらし》が涙《なみだ》と一緒《いっしょ》に伝《つた》わってきます。

水野先生も、中学から大学まで陸上《りくじょう》の選手《せんしゅ》としてたくさんの大会に出場しています。大事なレースの前に恐怖で心がいっぱいになってしまうことも、何度も経験してきました。だから、沙絵がパラリンピックという初めての大きな舞台《ぶたい》で、一番の目標《もくひょう》にしてきたレースを前に、足がすくむような恐怖心を感じているることが、痛《いた》いほどわかるのです。同時に、水野先生自身も同じような緊張《きんちょう》を感じていました。

「沙絵という選手に出会って、私も初めてのパラリンピックに向けてやってきた。どんなふうに教えてあげたら、沙絵《さえ》が理解《りかい》してくれるだろう。どんな指導《しどう》をしたら、速くなるだろうって。彼女《かのじょ》が練習で成長《せいちょう》していくことは、コーチとしての私《わたし》の成長でもあった。これまでに沙絵に教えられることがどれだけあったことか。いま私が恐怖《きょうふ》で立ちすくんでしまうわけにはいかない。なんとしても、ちゃんと沙絵をスタートラインに立たせてあげなくては。そして、目標《もくひょう》のメダルをとる走りをさせてあげなくては」

水野《みずの》先生は沙絵を抱《だ》きしめながら、そう心に強く思って、自分の恐怖心を必《ひっ》死《し》に抑《おさ》えていました。

「沙絵。一年間ついてきてくれてありがとう。もしダメだったら、また帰ってから一緒《いっしょ》に練習しましょうね」

沙絵がベストの走りができなかったら、それは指導者《しどうしゃ》としての私の責任《せきにん》でもある。走るのは沙絵だけれど、自分も一緒に戦《たたか》うのだという気持ちで、もう一度、水野先生は沙絵をしっかりと抱きしめました。

「これまで沙絵はやるべきことをちゃんとやってきたじゃない。自分の力を出しきれば、きっと結果《けっか》はついてくるから」

そういうと、沙絵《さえ》は涙《なみだ》にぬれたまま水野《みずの》先生の顔を見あげました。

「はい。自分にできることをぶつけてきます」

小さいけれどしっかりした声で、沙絵はそういいきったのでした。最後《さいご》にもう一度、水野先生と沙絵はしっかりとお互《たが》いの体に腕《うで》をまわしてハグをすると、沙絵は笑顔《えがお》で先生を見送りました。

そうして、沙絵は、四〇〇メートル決勝が行われるスタジアムのトラックに姿《すがた》を現《あらわ》しました。スタンドの、水野先生がいるあたりをチラッと見ると、いくつもの日の丸の旗《はた》がおどるようにはためいています。

スタートラインに立った沙絵は、おまもりである金のネックレスを左手で触《さわ》りながら、

「できる、できる、きっとできる」

と、つぶやきつづけていました。

沙絵が走るコースはトラックの内側《うちがわ》に近い三レーンです。会場にブラジルの公用語であるポルトガル語、英語《えいご》の順《じゅん》で沙絵の名前がコールされると、沙絵は

左手を小さくあげて歓声《かんせい》に応《こた》えました。

「オン・ヨア・マークス（位置《いち》について）」

スタート時に足を固定《こてい》させるスターティングブロックに、トントンと確《たし》かめるように片足《かたあし》ずつしっかりと置《お》きました。左手と右腕《みぎうで》に装着《そうちゃく》した競技用義手《きょうぎようぎしゅ》をスタートラインギリギリのところについて、スタートの号砲《ごうほう》を待ちます。スタンドがすっと静《しず》かになりました。

「セット（用意）」

パーン！　という合図とともに、沙絵《さえ》と他の選手《せんしゅ》たちは一斉《いっせい》に飛《と》びだしていきます。同時に、スタジアムはわっと大歓声《だいかんせい》に包《つつ》まれました。

内側《うちがわ》からスタートした沙絵には、前を走るライバルたちの背中《せなか》が見えていました。

「ここであせるな、落ちつけ、落ちつけ」

走りながら、沙絵は自分にいい聞かせました。一〇〇メートル、そして二〇〇メートル。三〇〇メートルのコーナーで外側を走るふたりの選手においつきました。

「外側《そとがわ》の選手《せんしゅ》の体がながれて、ピッチが遅《おそ》くなってるぞ」

冷静《れいせい》に他の選手の走りを確認《かくにん》して、おいこしていきます。

「さあ、ここから、ここから」

そして最後《さいご》の一〇〇メートル。前を走っているのは、中国《ちゅうごく》と南《みなみ》アフリカのふたりの選手だけです。

「もう、ダメ。これ以上《いじょう》、苦しくて走れない！」

すべての力を出しつくしてゴールラインを越《こ》えると、目の前の大きな電光掲示板《でんこうけいじばん》に沙絵《さえ》の名前がありました。上から三番目です。記録《きろく》は一分〇〇秒六二。ドバイで出した自己《じこ》ベストには届《とど》きませんでしたが、三位《い》。目標《もくひょう》だったメダル獲得《かくとく》の瞬間《しゅんかん》でした。

「うわー、やったー！」

正式な記録が表示《ひょうじ》されると、沙絵は大きな声でよろこびを爆発《ばくはつ》させました。沙絵は日本チームのコーチのひとりから日の丸の旗《はた》を受けとると、そのまま体にまとってトラックを一周しました。メダリストだけに許《ゆる》されるウイニングランです。沙絵は、スタンドの声援《せいえん》に応《こた》えながら、これまでに感じたことがないほどのよろこびに包《つつ》まれていました。

そして、そのままの姿《すがた》でスタンドの応援席《おうえんせき》にいる水野《みずの》先生のところに走っていきました。

「洋子《ようこ》さん！」

「沙絵《さえ》！　やったね、おめでとう！」

「先生、ありがとうございました！」

ふたりは、スタンドのフェンス越《ご》しにハイタッチを交わして大粒《おおつぶ》の涙《なみだ》をこぼしました。


女子T《ティー》47四〇〇メートルの表彰式《ひょうしょうしき》がはじまりました。最初《さいしょ》に名前を呼《よ》ばれて、沙絵は表彰台に上がります。

「表彰台ってそんなに高くないのに、見える景色《けしき》は全然《ぜんぜん》ちがうんだ……」

沙絵は表彰台の分だけ高くなった目線で、水野先生のいるスタンドを見つめます。銅《どう》メダルが首にかけられ、リオデジャネイロパラリンピックのマスコットが手わたされました。

「これが、これがメダルなんだ。昨日《きのう》まで見ていただれかのメダルじゃなくて、私《わたし》のメダルなんだ」

リオパラリンピックのメダルは、メダルの中に小さな金属《きんぞく》のボールが入っていて、振《ふ》るとチリチリと澄《す》んだ音色が聞こえます。金メダル、銀メダル、銅《どう》メダル。その音色はメダルの色で異《こと》なっており、視覚障《しかくしょう》がい者の選手《せんしゅ》が自分のメダルの色を音で識別《しきべつ》できるようにするための工夫《くふう》です。沙絵《さえ》は自分の銅メダルを持って、チリチリと音を立てました。

ふと自分の右隣《みぎどなり》を見ると、さらに高いところに中国《ちゅうごく》の選手がいます。そしてその選手の首には、まぶしいほど輝《かがや》く金メダルがかけられていました。

会場が静《しず》まりかえった後、中国の国歌がながれ、中国の国旗《こっき》がかかげられていきます。その瞬間《しゅんかん》、沙絵はふと我《われ》に返りました。

「ちがう。私がほしいのは銅メダルじゃない。金メダルだ」

一年前、ドーハの世界選手権《せんしゅけん》で見た山本篤《やまもとあつし》選手の表彰式《ひょうしょうしき》。日の丸があがり、『君が代』がながれました。

「表彰台の一番高いところに、私の見たい景色《けしき》がある。それはきっと、三位《い》の位置《いち》から見えるものとは明らかにちがうんだ」

初《はじ》めて経験《けいけん》するよろこびのすぐ横には、沙絵《さえ》がまだ見たことがない、もっと大きなよろこびの景色《けしき》が広がっています。

「まだまだここで終われない。ここが、はじまりなんだ！」

沙絵は、銅《どう》メダルの表彰台《ひょうしょうだい》の上で、新たな決意の炎《ほのお》を燃《も》やしていました。

コラム

重本《しげもと》沙《さ》絵《え》選《せん》手《しゅ》の一年

シーズンは四月からはじまり、夏の全国レベルの大会にそなえます。十一月～三月はオフシーズン。まとまった時間がとれるので、シーズン中に明らかになった課題《かだい》の克服《こくふく》に、計画的《けいかくてき》に取りくむことができます。

年によって、そして選手《せんしゅ》によって出場する大会はさまざまですが、ここでは重本《しげもと》選手の二〇一八年度のスケジュールを見てみましょう。

		大会	合宿
シーズン	4月	・中央《ちゅうおう》大学対抗戦《たいこうせん》（神奈川県《かながわけん》）	
	5月	・日体大記録会《にったいだいきろくかい》（神奈川県《かながわけん》） ・北京《ペキン》グランプリ（中国《ちゅうごく》） ・関東学生陸上競技対校選手権《かんとうがくせいりくじょうきょうぎたいこうせんしゅけん》大会（神奈川県《かながわけん》）	
	6月	・ワールドパラアスレティクスグランプリ（フランス） ・関東《かんとう》パラ陸上競技選手権《りくじょうきょうぎせんしゅけん》大会（東京都《とうきょうと》）	
	7月	・ジャパンパラ陸上競技《りくじょうきょうぎ》大会（群馬県《ぐんまけん》）	
	8月		陸上部《りくじょうぶ》合宿（茨城県《いばらきけん》） パラ陸連《りくれん》合宿（香川県《かがわけん》）
	9月	・日本《にほん》パラ陸上競技選手権《りくじょうきょうぎせんしゅけん》大会（香川県《かがわけん》）	パラ陸連《りくれん》アジア大会参加者《さんかしゃ》合宿（和歌山県《わかやまけん》）
	10月	・パラアジア大会（インドネシア・ジャカルタ）	2018年で一番大きな大会！
オフシーズン	11月		アメリカ合宿
	12月		
	1月		アメリカ合宿
	2月		アメリカ合宿
	3月		

シーズン中は、8月以外《いがい》、毎月試合《しあい》があります。試合で成果《せいか》を出せるように、練習の量や種類《しゅるい》を調整《ちょうせい》します。

シーズンオフには、休養《きゅうよう》をとってけがの治療《ちりょう》に専念《せんねん》したり、体力を強化したり、メンタルトレーニングを取りいれたりします。この期間にどれだけ体力や筋力《きんりょく》を強化できるかが、翌年《よくねん》、いい記録《きろく》を出せるかどうかのカギになります。あたたかい地域《ちいき》などで、長期の合宿が行われることもあります。

＊パラ陸連《りくれん》…日本《にほん》パラ陸上競技連盟《りくじょうきょうぎれんめい》の略《りゃく》。

5章　東京《とうきょう》パラリンピックでかなえたいこと

練習ができない!

銅《どう》メダルを獲得《かくとく》したリオデジャネイロパラリンピックから帰国すると、沙絵《さえ》の生活は一変《いっぺん》しました。

成田空港《なりたくうこう》に降《お》りたつとすぐに、メダリストたちは記者会見に出なくてはなりません。ブラジルからアメリカやヨーロッパなどを経由《けいゆ》して三十時間近い長旅をした直後ですが、「疲《つか》れた」といっているひまはないのです。さらに、記者会見が終わると、そのままテレビ番組への出演《しゅつえん》などが続《つづ》きます。メダリストのパレードなど、しばらくの間は華《はな》やかなイベントがいくつも予定《よてい》されていました。

テレビや新聞の取材《しゅざい》ばかりではありません。全国の小学校、中学校などから講演《こうえん》をしてほしいという依頼《いらい》も、どんどん舞《ま》いこんできます。

オリンピックのメダリストと一緒《いっしょ》に、スポーツイベントに招待《しょうたい》されることもあります。いままではテレビで見るばかりだったあこがれの選手《せんしゅ》たちと、同じアスリートとして話ができることは、沙絵にとってもワクワクするような体験《たいけん》です。試合前《しあいまえ》にはこんなふうに練習に取りくんでいるのか、ふだんはこんな食事をしているのかなど、自分に引きよせて考えることもできました。

帰国後しばらくは函館《はこだて》に住む家族のところにさえ帰ることができないほどのいそがしさでした。

このような状況《じょうきょう》では、陸上《りくじょう》の練習の時間も削《けず》られていきます。本来なら、冬《とう》季《き》練習の期間に入り、改《あらた》めて基礎《きそ》体力の強化や技術《ぎじゅつ》練習にじっくり取りくむ時期になっても、練習に集中できず外出することが多い生活が続《つづ》きました。パラリンピックで疲《つか》れた体を休ませる時間もありません。

「沙絵《さえ》、そろそろちゃんと腰《こし》を落ちつけて冬季練習をはじめないと、来シーズンに間にあわなくなってしまうわよ」

見かねた水野《みずの》先生が、沙絵に言葉をかけます。その都度、沙絵は、

「はい。わかっています。以前《いぜん》から予定《よてい》されていた講演《こうえん》やイベントのお仕事をすませたら練習します」

と、答えますが、なかなか講演やイベントに終わりが見えてきません。

合間をぬって練習に参加《さんか》すると、明らかに走力は落ちてタイムも遅《おそ》くなって

いました。

「オリンピックのメダリストたちも、私《わたし》と同じようにテレビに出演《しゅつえん》したり、講《こう》演《えん》活動したりしているんだし、私にもできるはず」

疲《つか》れた体にムチ打って出かけていきますが、練習できないあせりが沙《さ》絵《え》の体以《い》上《じょう》に心をどんどん弱らせていきます。沙絵は、ふうっとため息《いき》をついてつぶやきました。

「……もう、なんだか競《きょう》技《ぎ》を続《つづ》けられる気がしなくなってきたなあ」

陸《りく》上《じょう》競技の選手《せんしゅ》としてパラリンピックで銅《どう》メダルを獲《かく》得《とく》したからこそ、帰国後に講演やイベントなどでいそがしくなったのです。

「陸上をやめちゃったら、それこそ本末転倒《ほんまつてんとう》。なんとかしなくちゃ、なんとか」

選手として、きちんと練習したい。でも、講演やイベントに呼《よ》んでくれる人たちの気持ちにも応《こた》えたい。

「休みなしで練習もしてるけど、やっぱり時間が足りないなあ」

沙絵は、ついついぼやいてしまいます。

「全然《ぜんぜん》、練習できていないでしょう」

水野《みずの》先生は、なかばあきれた顔で沙絵《さえ》の生活を見まもるしかありませんでした。そんな状態《じょうたい》で十二月にパラ陸上競技《りくじょうきょうぎ》連盟《れんめい》の合宿に出かけると、沙絵は風邪《かぜ》をこじらせて寝《ね》こんでしまいました。

「沙絵は、合宿で日常《にちじょう》と引きはなさないと練習できない。でも、疲《つか》れきっていて合宿に行くと風邪を引いてしまう。どうしたらいいんだろう」

年が明けて二月に入ると、水野先生はついに強行策《きょうこうさく》に出ます。沙絵の練習以外《いがい》のスケジュールをすべてキャンセルしてしまいました。

「ここからまたはじめましょう」

水野先生は、沙絵の目を見つめてそういいました。

大学の卒業式《そつぎょうしき》直後に、沙絵は陸上競技部の沖縄《おきなわ》合宿に出かけました。二週間、ただひたすら陸上のトレーニングに専念《せんねん》するいい機会《きかい》です。三月の沖縄の日差《ひざ》しは、夏のよう。凍《こご》えていた体と心が、少しずつ溶《と》けてほぐれていきました。

陸上競技部の他の学生は順調《じゅんちょう》に冬季《とうき》練習をこなしていましたが、沙絵は調子が上がらないまま合宿に入りました。

「みんなすごく仕上がってる。大丈夫《だいじょうぶ》かな、私《わたし》もちゃんと記録《きろく》が出せるかな」

練習がほとんどできていない沙絵《さえ》は、周《まわ》りを見わたして不安《ふあん》になりました。トラックでスピード練習をする他の学生たちのそばで、沙絵は地道な体力トレーニングや技術《ぎじゅつ》の反復《はんぷく》練習を続《つづ》けていました。朝から夕方までみっちり練習して、夜には部員同士《どうし》でミーティングがあります。それこそ、起きてから寝《ね》るまで陸上《りくじょう》のことだけを考え、陸上だけに取りくむ毎日でした。

「ああ、少しずつ走る感覚《かんかく》がもどってきた」

練習に集中すれば、体の感覚とともに走るスピードも上がってきます。走るよろこびが、再《ふたた》び全身をかけめぐりました。

「やっと、やっと本来の自分にもどってきたんだな」

この合宿で、沙絵は陸上選手《せんしゅ》としての自分を取りもどしたのです。

三月に大学を卒業《そつぎょう》し大学院に進学。沙絵は、大学院でパラスポーツやコーチングなどを専門《せんもん》に学びながら、アスリートとしての生活を続けていく道を選《えら》びました。

パラスポーツの聖地《せいち》、ロンドンへ

走る感覚《かんかく》を取りもどした沙絵《さえ》は、本格的《ほんかくてき》なレースシーズンをむかえました。ですが、大学のトラックにもどって練習していたときに、左手首を捻挫《ねんざ》してしまいます。パートナーに両足を持ってもらい自分の腕《うで》で歩く〝手押《てお》し車〟というトレーニングをしていたときに、バランスをくずしてしまったのでした。そのけがの治療《ちりょう》で、また練習ができない日が続《つづ》きました。

この年、二〇一七年七月には、イギリス・ロンドンで世界選手権《せんしゅけん》が開催《かいさい》されます。沙絵にとっては二度目の世界選手権。この大会にはパラリンピックのメダリストとして出場するのです。

「全然《ぜんぜん》、準備《じゅんび》ができていない！」

沙絵の心は、またしてもあせりでいっぱいになっていました。世界選手権の一か月前に行われたパラ陸上《りくじょう》の日本選手権で、沙絵はこれまでタイムで一度も負けたことがなかった視覚障《しかくしょう》がいの女子選手に負けてしまいました。

「どうしよう。ちっとも思うような結果《けっか》が出せない……」

沙絵《さえ》が涙《なみだ》を見せると、水野《みずの》先生は
「何をいっているの。今年はほとんどまともに練習できていないでしょう。練習していないからタイムが出せないのであって、ちゃんと練習すればできるはずよ」

と、静《しず》かにさとしました。

沙絵は、練習ができていないということが自分自身で理解《りかい》できずにいました。リオデジャネイロパラリンピックが終わってから三月の合宿まで、練習以外《いがい》の活動におわれ、陸上の練習時間は激減《げきげん》しました。どんな選手も、じっくり練習できなければ自分のタイムを上げることはできません。そんな状態《じょうたい》でレースに出場しても、目標《もくひょう》タイムを出すことはままならないのです。沙絵は、そういう自分の現状《げんじょう》を冷静《れいせい》に見つめることができずに、あせりばかりを感じていました。

「大丈夫《だいじょうぶ》よ。世界選手権《せんしゅけん》まではまだ一か月ある。だから、きちっと練習してロンドンに行きましょう」

水野先生にはげまされて、沙絵は涙をふきました。

二〇一七年に世界選手権《せんしゅけん》が行われるイギリス・ロンドンは、二〇一二年のロンドンオリンピック・パラリンピックの舞台《ぶたい》です。

イギリスはパラリンピック発祥《はっしょう》の地といわれ、世界の中でもとくにパラリンピックの人気が高い国です。

ロンドンパラリンピックでは、どの競技《きょうぎ》でもチケットは完売《かんばい》し、会場は観客でうまりました。チケットがなくてもオリンピックパークにはおおぜいのロンドン市民が集まり、大きなスクリーンで試合観戦《しあいかんせん》を楽しみます。ピクニックのように芝《しば》の上にランチを広げて、じっと戦《たたか》いの行方《ゆくえ》を見まもりながら、すばらしいプレーが出ると、スクリーンに向かって拍手喝采《はくしゅかっさい》。ロンドンっ子たちは、心からパラスポーツを楽しんでいるのでした。

そんなパラスポーツの聖地《せいち》で行われる、世界選手権です。ロンドンパラリンピックに出場した先輩《せんぱい》選手は、

「もう、他のパラリンピックとはくらべものにならないよ。ロンドンはすごいところだよ」

と、興奮気味《こうふん》に沙絵《さえ》に話して聞かせてくれたことがあります。

実際《じっさい》にロンドンに入った沙絵は、地下鉄の窓《まど》や駅にパラ陸上《りくじょう》世界選手権《せんしゅけん》のポスターを見かけました。

「すごいなあ。ロンドンではパラアスリートはスター選手なんだ」

オリンピック・パラリンピックが行われた陸上競技場《きょうぎじょう》のトラックに足をふみいれると、平日にもかかわらず観客がおおぜいスタンドに入り、はじまったばかりのレースに声援《せいえん》を送っていました。スタンドにある大きなスクリーンには、スタートする選手の紹介《しょうかい》の他、陸上競技におけるクラス分けをわかりやすくイラストにした映像《えいぞう》が映《うつ》しだされ、その都度、観客から「おお～」という声が上がります。

「うわー、鳥肌《とりはだ》が立つ。ロンドンの人はイギリスの選手ばかりじゃなくて、他の国の選手のこともちゃんと見てるんだ。パラ陸上が好《す》きで、すごくよく理解《りかい》しているんだな」

沙絵は、先輩《せんぱい》選手がいっていた「ロンドンはすごいよ」の言葉をかみしめました。

世界選手権《せんしゅけん》では二〇〇メートル、一〇〇メートルが先に行われ、沙絵《さえ》がもっとも得意《とくい》とする四〇〇メートル決勝は最終日《さいしゅうび》に行われます。最初《さいしょ》に出場した二〇〇メートルで、沙絵は二十六秒八四の自己《じこ》ベストをマークしました。

だれもが、沙絵はこの勢《いきお》いのままメイン種目の四〇〇メートルに自信《じしん》を持ってのぞむだろうと思っていました。沙絵自身をのぞいては。

「洋子《ようこ》さん、もう四〇〇メートル、負けます」

走るレーンが、トラックの一番外側《そとがわ》、八レーンに決まったことがわかると、沙絵はは きすてるようにそうつぶやきました。

「何をいっているの？」

水野《みずの》先生が、思わず沙絵の顔を見てこたえました。

「だって、アウトレーンなんて、いい印象《いんしょう》がないし……」

直前の国内大会で、ライバルより外側のレーンを走っていて、おいぬかされてしまった記憶《きおく》が頭にこびりついて離《はな》れないのです。直前の一か月、世界選手権に向けて練習に集中してきたとはいえ、満足《まんぞく》な練習時間が取れなかったことも、沙絵《さえ》に後ろ向きな気持ちを抱《いだ》かせていました。

水野《みずの》先生は、心の中で「投げだすな、あきらめるな」と強く思いながらも、さらりと沙絵に伝《つた》えました。

「沙絵、講演会《こうえんかい》で子どもたちに何を伝えてきたの？　〝自分のできることに挑《ちょう》戦《せん》しましょう〟っていってきたのよね。いま、あなたは挑戦をやめてしまうの？」

その言葉に、沙絵はハッと顔をあげました。

「大丈夫《だいじょうぶ》よ、沙絵ならできる。きっと走れるから」

水野先生は、にっこりほほえんでいい聞かせました。


四〇〇メートル決勝の朝。水野先生と沙絵は、人のほとんどいないスタンドに立っていました。ウォーミングアップのときに、

「沙絵、ちょっとスタンドに行ってみない？」

と水野先生に誘《さそ》われてやってきたのです。観客席《かんきゃくせき》からトラックを見下ろすのはとても新鮮《しんせん》でした。

「ここで、自分の走りを想像《そうぞう》してごらんなさい」

　そういわれて沙絵《さえ》は、スタートラインに立った自分を思いえがいていました。八レーン、一番外側《そとがわ》に立っています。後ろからスタートする選手《せんしゅ》の姿《すがた》は見えません。

「位置《いち》について、用意、パン」

目をつぶってスタートの瞬間《しゅんかん》をイメージすると、そのまま目を開けて自分が走りだす姿をおいかけました。一〇〇メートル、二〇〇メートル。スタンドからまるで鳥が地上の人間を見下ろすように自分の背中《せなか》を見つめていきます。三〇〇メートル、最後《さいご》の直線。ゴール！

「いける！　きっといける！」

ゴールしてよろこんでいる自分の姿を、くっきりと想像《そうぞう》することができたのです。

　それでもレースの直前になると、不安《ふあん》が再《ふたた》び押《お》しよせてきました。選手はスタート前に、出場選手《せんしゅ》だけが入るコールルームというところでスタートを待ちます。そこには水野《みずの》先生は入れません。コールルームに入る直前、

「洋子《ようこ》さん、やっぱりこわい！」

リオデジャネイロパラリンピックのときのように恐怖心《きょうふしん》が沙絵《さえ》をおそい、水《みず》野《の》先生にしがみついていました。

「大丈夫《だいじょうぶ》、沙絵、大丈夫よ」

水野先生が、しっかりと沙絵を抱《だ》きしめます。

「沙絵が自分に自信《じしん》がないと思っていることはわかってる。でもね、私《わたし》は沙絵を信《しん》じているの。大丈夫、きっと自分の走りができる。力を出しきってもどってくるのを、ここで待ってるから」

泣《な》きじゃくる沙絵の体に、水野先生の腕《うで》のぬくもりが伝《つた》わってきます。あたたかい、大きなエネルギーに包《つつ》まれるような気持ちが、沙絵の恐怖心を少しずつ鎮《しず》めてくれました。ずっと指導《しどう》してきてくれた水野先生が、自分を信じてくれている。信じてくれている人の思いに応《こた》えたい。そんな気持ちがわきあがってきました。

「洋子《ようこ》さん、きっと先生がいるスタンドにもどってきます。行ってきます」

そういって、コールルームへとひとり入っていく沙絵の心には、もう不安《ふあん》はありませんでした。

沙絵《さえ》がスタートすると、会場は、選手《せんしゅ》を応援《おうえん》する声に包《つつ》まれました。最後《さいご》のコーナーを回るときにレーン内側《うちがわ》の選手が前を走る姿《すがた》が見えるようになります。

「ここから、ここから、倒《たお》れてもいいから、前へ！」

ただ自分にいい聞かせてゴールしました。沙絵は三着。パラリンピックに続《つづ》き、主要《しゅよう》な世界大会での二度目の銅《どう》メダルを獲得《かくとく》したのでした。

ふるさとでの休日をへて、再《さい》スタート

初《はじ》めて出場したリオデジャネイロパラリンピックの銅メダルと、約一年後に行われた世界選手権《せんしゅけん》の銅メダル。結果《けっか》は同じ色のメダルですが、重みはまったくちがうものでした。

「リオの銅メダルは、初めて日の丸を背負《せお》ったメダル。でも、これだけだったら、ただの一発屋になってしまう。だから、何としてもとらなくてはいけなかったのが、世界選手権の銅メダル」

そう、沙絵は感じていました。

大好《だいす》きなハンドボールをやめて、陸上《りくじょう》の練習に取りくんできました。結果《けっか》が出せなければ、これまでお世話になってきたハンドボールの先生や仲間《なかま》にももうしわけない。そう思って、歯を食いしばって練習してきたのです。だから、世界選手権《せんしゅけん》で銅《どう》メダルがとれたことは、沙絵《さえ》に大きな安心感をもたらしました。しかし同時に、すっかり燃《も》えつきたような、抜《ぬ》けがらになったような気持ちにおちいってしまいました。

スポーツ選手が高い目標《もくひょう》に向かって努力《どりょく》してきた結果、その目標を達成《たっせい》した後に、目標を見失《みうしな》ってしまうことがあります。沙絵はまさにこの状態《じょうたい》でした。メダル獲得《かくとく》という目標を達成して、次に何を求めていけばいいのかわからなくなってしまい、途方《とほう》にくれていました。

世界選手権から帰った後にもパラ陸上のレースがありましたが、心ここにあらず。メイン種目である四〇〇メートルにも出場せず、棄権《きけん》してしまいました。

「……洋子《ようこ》さん、ちょっと休ませてください」

疲《つか》れきった表情《ひょうじょう》の沙絵が水野《みずの》先生にうったえると、

「疲れているのはわかっています。でもね、四〇〇メートルは沙絵のメインの種目でしょう。だから最後《さいご》の記録会《きろくかい》、四〇〇メートルは絶対《ぜったい》に走ってね」

水野《みずの》先生にきっぱりといわれてしまいました。

「この記録会を無事《ぶじ》終えたら、オフにしましょう」

そういって、水野先生は沙絵《さえ》の背中《せなか》をポンとたたきました。

気が進まないまま沙絵が記録会でシーズン最後の四〇〇メートルを走ると、思いがけず一分〇〇秒〇四という好《こう》タイムをマークしました。ロンドンでの世界選手権《せんしゅけん》の決勝よりも、わずかですがいいタイムでした。

「沙絵、いいタイムだったじゃない。あなたが思っているより悪くないのよ」

そう水野先生が声をかけました。体が疲《つか》れきって気力を失《うしな》いかけていたけれども、実際《じっさい》には、沙絵のパフォーマンスは落ちていないことを、水野先生は沙絵自身に感じてほしかったのです。

「好タイムを出した走りのいいイメージを持って、オフをとりなさい」

そういわれて、沙絵はひとり、函館《はこだて》行きの飛行機《ひこうき》に乗りこみました。

沙絵は函館に帰ることを、家族にすら伝《つた》えていませんでした。空港《くうこう》に着くと、近くに住む姉に連絡《れんらく》しました。

「いまね、函館空港《はこだてくうこう》にいるの」

むかえにきてくれた姉の車に乗りこんで、まっすぐに実家には向かわず、幼《おさな》いころからかわいがってくれるおばの家に向かいました。

「まあ、沙絵《さえ》ちゃん！　急にどうしたの？　疲《つか》れたでしょう、とにかく上がって」

急に訪《おとず》れた沙絵を、おばはおどろきながらもあたたかくむかえてくれました。

「ちょっとね、疲れちゃったの」

そういう沙絵を、姉とおばは心配そうに見つめています。

「いつまでお休みなの？」

「一週間だけ」

「短いのね。お母さんに連絡《れんらく》した？」

「ううん。だれにも連絡していないの」

沙絵が小さな声で答えると、

「だれにも？　まあ、お姉ちゃんが空港にむかえにきてくれてよかったわ。でもね、やっぱり連絡《れんらく》してお家に帰りなさい」

そううながされて、沙絵《さえ》は両親が住む自宅《じたく》に電話を入れました。

自宅にもどった沙絵は、陸上《りくじょう》のことはまったく考えずに、本を読んだりして、ただただゆっくりとすごしました。母は日中、ふだんどおり仕事で留守《るす》にしています。沙絵は、母が仕事から帰ってくるまでの間に家中の掃除《そうじ》をしました。

自分の部屋にあった古くていらなくなったものを整理してゴミに出し、キッチンやトイレ、浴室《よくしつ》などをピカピカにみがきあげていきます。ぞうきんを洗《あら》ってしぼって、床《ゆか》にはいつくばってひたすらゴシゴシと、隅《すみ》から隅まできれいにします。手を動かしていると、頭の中がしんとなっていきました。

「私《わたし》って、なんだろう。本当は何がしたいんだろう」

と、心の中で自分に何度も何度も問いかけました。

「沙絵ちゃん、いる？　おばさんね、沙絵ちゃんの好《す》きなもの作ってきたから」

すっかり家がきれいになったころに、できたての料理《りょうり》を両手にいっぱい持っておばがやってきました。すると、まもなく母も仕事から帰ってきました。

「ただいま。沙絵！　ああ、いいにおい。まあおいしそうなごちそう。よかったね、沙絵《さえ》の好物《こうぶつ》ばっかりじゃないの」

そういう母も仕事帰りに、わざわざ沙絵が大好《だいす》きな地元のトマトジュースを買ってきてくれていました。

「わあ、やっぱりおばさんの作ってくれたお料理《りょうり》、おいしいなあ」

昼間、大掃除《おおそうじ》をした沙絵は、空っぽになったお腹《なか》と心に、ごちそうをかきこんでいきます。

「沙絵ちゃん、おいしそうに食べてくれるなあ。おばさんも作った甲斐《かい》があるよ」

久《ひさ》しぶりの家族水入らずの食事です。中学までは食卓《しょくたく》を家族で毎日かこんで
「ああ、おいしい、お腹いっぱい！」と、ハンドボールで疲《つか》れた体にたっぷりの栄養《えいよう》と愛情《あいじょう》をつめこんでいました。

毎日ご飯《はん》を食べると、体だけではなく心にも栄養がいきわたります。そんなことを、陸上競技《りくじょうきょうぎ》を本格的《ほんかくてき》にはじめて以来《いらい》、久しぶりに実感したのでした。

あのベビーリングと一緒《いっしょ》に

パラリンピックや世界選手権《せんしゅけん》など、大切なレースでスタートする直前、沙絵《さえ》が必《かなら》ずしていることがあります。それは、肌身《はだみ》はなさず身につけている小さなネックレスを左手で握《にぎ》りしめ、

「できる、できる。きっと、できる」

と、自分にいい聞かせること。誕生石《たんじょうせき》がうめこまれたベビーリングに、細いゴールドのチェーンを通したネックレスは、沙絵の宝物《たからもの》なのです。

母の姉にあたるおばとその夫《おっと》のおじは、沙絵が生まれたときに誕生石をうめこんだ小さなリングをプレゼントしてくれました。母はそれを大事にあずかっておいて、沙絵が二十歳《さい》になったときに手わたしてくれたのです。

近所に住むおば夫婦《ふうふ》は、沙絵が幼《おさな》いときからいつも一緒《いっしょ》に遊んでくれました。仕事がある母の代わりにご飯《はん》を作ってくれたり、姉や弟と一緒に遊びに連《つ》れて

いってくれたり。沙絵《さえ》が幼《おさな》いときに祖父母《そふぼ》が亡《な》くなったこともあり、おじは沙絵にとってはやさしいおじいちゃんのような存在《そんざい》でもありました。

沙絵が小学校でハンドボールをはじめると、

「沙絵～！　いけ、いけ、いけ～！」

夫婦《ふうふ》そろって試合会場《しあい》に足を運び、全力で声援《せいえん》を送ってくれました。応援席《おうえんせき》に座《すわ》っているおじ・おばの姿《すがた》を見ると、沙絵は力が倍になるのを感じました。

そのおじがある日、「背中《せなか》が痛《いた》い」と病院で検査《けんさ》を受けました。すると、ガンだということがわかり、急遽《きゅうきょ》入院したのです。

中学三年、全国大会へと出発する朝、沙絵は病室のおじを見舞《みま》いました。

「絶対《ぜったい》に優勝《ゆうしょう》して帰ってくるからね」

そう語りかけると、おじはしっかりと沙絵の手を握《にぎ》ってくれました。

大会が終わって函館《はこだて》に帰ると、沙絵は、母と姉の様子がいつもとちがうことに気づきました。

「どうしたの？　ねえ、お母さん、お姉ちゃん、おじさんは、どうしたの？」

そう沙絵が聞くと、ふたりはボロボロと涙《なみだ》をこぼしました。沙絵が函館にもどった朝、大好《だいす》きだったおじさんが亡《な》くなっていたのです。かけがえのないおじ・おばがプレゼントしてくれたリング。母から手わたされたとき、沙絵《さえ》の心は大きな愛情《あいじょう》と力でいっぱいになりました。そのときから、リングは沙絵の大切な宝物《たからもの》になったのです。

ハンドボールは、選手同士《せんしゅどうし》の接触《せっしょく》が激《はげ》しいためアクセサリー着用は禁止《きんし》でしたが、陸上選手《りくじょう》はアクセサリーを身につけることもあります。しかし、日体大《にったいだい》陸上部では、部の規律《きりつ》としてアクセサリーは禁止されています。

沙絵が、宝物のリングを身につけるようになったのは、パラ陸上で初《はじ》めて国内の大会に出場したときです。

レーススタート前、自分が持っていたチェーンにリングを通したネックレスを手に、水野《みずの》先生にお願《ねが》いしました。

「ゼッケンと一緒《いっしょ》に、このネックレスをつけてもらえますか。私《わたし》の大事なおまもりなんです」

「あら、素敵《すてき》。とってもきれいね」

水野《みずの》先生は、ネックレスを見てそういいました。

「そうね。本当は大学の陸上部《りくじょうぶ》では禁止《きんし》だけど、沙絵《さえ》はパラ陸上の選手《せんしゅ》として出場するのだから、いいと思うわ」

そういうと、水野先生は沙絵の首の後ろでネックレスの留《と》め金を留めてくれました。

水野先生は、沙絵とともに初《はじ》めて障《しょう》がい者スポーツの世界を見ることになったときに、沙絵には陸上競技《きょうぎ》を好《す》きになってほしい、いきいきとレースに出場してほしいと思っていました。

「沙絵が大切にしているおまもりを身につけることで、より前向きにレースにのぞめるなら、ネックレスをすることは大賛成《だいさんせい》だわ」

と、心からよろこんでくれたのです。

ドーハでの世界選手権《せんしゅけん》が終わって、沙絵が本格的《ほんかくてき》にパラ陸上に取りくむようになり、「パラリンピックで金メダルをとる」と決心した後、水野先生が沙絵にいいました。

「このゴールドのチェーンに通したら、どうかしら」

水野《みずの》先生は、自分が持っていた金のシンプルなチェーンを沙絵《さえ》に手わたしました。

「金メダルを目指すのだから、金のネックレスよ」

水野先生はベビーリングを金のチェーンに通して、改《あらた》めて沙絵の首にかけてくれました。

「うん、よくにあう。沙絵にぴったり！」

亡《な》くなったおじからプレゼントされたリングと、水野先生からプレゼントされた金のチェーン。襟元《えりもと》のリングとチェーンを握《にぎ》りしめると、沙絵の心に大きなパワーがみなぎってくるのが感じられます。それ以来《いらい》、沙絵は肌身《はだみ》はなさずそのネックレスを身につけるようになりました。

大切なレースのスタート前、心が落ちつかないとき。沙絵は、いつもネックレスを握りしめて自分にこう語りかけます。

「おじさん、力を貸《か》してください。天国で見まもってください。できる、できる。きっと私《わたし》なら、できる！」

二〇二〇年東京《とうきょう》パラリンピックへ

函館《はこだて》での休暇《きゅうか》を終えて大学にもどると、沙絵《さえ》の心はまったく新しい空気に満《み》たされていました。

「二〇二〇年の東京《とうきょう》パラリンピックで、本当の目標《もくひょう》だった金メダルをとること。そのためにこれまでもやってきたんだもの。もう一度、ちゃんとやり直そう」

目標達成《たっせい》まで、あと三年。それまでに自分は何をすべきなのか、戦《たたか》える体と心を作るには何が必要《ひつよう》か。信頼《しんらい》する水野《みずの》先生と二人三脚《ににんさんきゃく》で考えて進んでいこうという強い心が生まれていました。

迷《まよ》いながらすごした二〇一七年が終わり、新しい年をむかえた沙絵は、日誌《にっし》をつけはじめました。練習内容《ないよう》や水野先生に指導《しどう》されたことの他に、自分で気づいたことを、その日のうちに書きこみます。また練習だけでなく、その日に食べた食事のメニューや睡眠《すいみん》時間など、生活に関《かか》わる記録《きろく》も一緒《いっしょ》に書きこんでいきました。

それまでも、自分が落ちこんだときや何かを決意するときに書きこむ日記はつけていました。その日記にも練習内容《ないよう》などを書くことはありましたが、新しい日誌《にっし》は、競技《きょうぎ》生活をしっかりと管理《かんり》していく目的《もくてき》で作ったものでした。

食事の内容や睡眠《すいみん》時間なども細かく書きこむことにしたのは、函館《はこだて》の休暇《きゅうか》で家族そろっておいしい食事をした経験《けいけん》が元になっています。

日常《にちじょう》の食事が、戦《たたか》える体と心のベースを作るということを、沙絵《さえ》は改《あらた》めて実感したのでした。パラ陸上《りくじょう》をはじめて、水野《みずの》先生が、大事なレースの前にすぐにエネルギーになる炭水化物《たんすいかぶつ》をとることや、レース直後にはオレンジなどの果物《くだもの》とタンパク質《しつ》をとることなど、栄養《えいよう》のアドバイスもしてくれていました。沙絵は、もっと自分できちんとコントロールできるようにしたい、と思うようになったのです。

あのときはこんなふうにして疲《つか》れをとった、こんなふうにして自分の心と向きあった。後から日誌を読みかえすことで、客観的《きゃっかんてき》に自分を振《ふ》りかえることができます。

「東京《とうきょう》パラリンピックで目標《もくひょう》を達成《たっせい》するまでに、自分にできることはすべてやろう。もちろん、最後《さいご》の結果《けっか》は大事だけれど、そこに至《いた》るまでのプロセスも、同じくらい大事なのだから」

練習だけでなく、食事も睡眠《すいみん》も、心の管理《かんり》も、自分で全部やっていく。それでメダルに届《とど》けば最高《さいこう》。でも、もしダメだったとしても、それが自分なのだとちゃんと受けとめられます。

沙絵《さえ》の視線《しせん》は、いま、まっすぐに東京《とうきょう》パラリンピックに向かっています。

コラム

パラリンピックが目指す共生社会《きょうせいしゃかい》

パラリンピックには、障《しょう》がいのあるアスリートが順位《じゅんい》を競《きそ》う以外《いがい》にも、大きな目的《もくてき》があります。国際《こくさい》パラリンピック委員会《いいんかい》（IPC《アイピーシー》）は、パラリンピアンたちに秘《ひ》められた力こそが、パラリンピックの象徴《しょうちょう》であるとし、下の「4つの価値《かち》」を重視《じゅうし》しています。

また、IPC《アイピーシー》は、パラリンピックの究極《きゅうきょく》の目的《もくてき》を「障がいのある人もない人も区別《くべつ》なく、一人ひとりを尊重《そんちょう》する社会をつくりだすこと」としています。

重本選手《しげもとせんしゅ》も、パラアスリートとして活躍《かつやく》するだけでなく、その姿《すがた》を見てもらうことをとおして、みんなが、あるがままで、ともに生きる「共生社会《きょうせいしゃかい》」の実現《じつげん》を目指しています。

パラリンピックの4つの価値《かち》

勇気《ゆうき》

マイナスの感情《かんじょう》に向きあい、
乗りこえようと思う精神力《せいしんりょく》

強い意志《いし》

困難《こんなん》があっても、あきらめず限界《げんかい》を
突破《とっぱ》しようとする力

インスピレーション

人の心をゆさぶり、かりたてる力

公平

多様性《たようせい》をみとめ、創意工夫《そういくふう》をすれば、
だれもが同じスタートラインに立てることを
気づかせる力

6章　パラリンピックの先にある夢《ゆめ》

幸せな私《わたし》を見てほしい

二〇一八年二月。沙絵《さえ》は結婚《けっこん》して辻《つじ》沙絵から「重本《しげもと》沙絵」になりました。夫《おっと》は、日本体育大学《にっぽんたいいくだいがく》の同級生で、大学卒業後《そつぎょうご》は会社勤《かいしゃづと》めをしています。

沙絵の前向きな姿《すがた》に一目ぼれした重本さんは、沙絵の一番のサポーターでした。沙絵の右腕《みぎうで》が短いことも、丸ごと受けいれてくれました。

ハンドボールと陸上《りくじょう》との両立で、目のまわるようないそがしい生活を送っていたときに、沙絵が泣《な》きながら、

「どうしたらいいんだろう」

と相談すると、重本さんはびっしりと書かれたメモ帳《ちょう》を開いて、

「沙絵は、このときにはこんな決意を話してくれたよ。それから、新しい練習でこんな発見もあったって、うれしそうにいっていたよ」

と、これまでの沙絵の行動や気持ちをひとつずつ整理してくれました。重本さんは几帳面《きちょうめん》な性格《せいかく》で、自分の行動だけでなく、沙絵について気づいたことに

ついても日常的《にちじょうてき》にメモを残《のこ》していました。重本《しげもと》さんのメモ帳《ちょう》は、折《おり》に触《ふ》れ沙絵《さえ》の迷《まよ》いや不安《ふあん》を解決《かいけつ》してくれていたのです。

パラ陸上《りくじょう》を続《つづ》けていけるのか、不安で自分の道を見失《みうしな》いかけていた沙絵に、重本さんは笑《わら》って声をかけました。

「もう一度、沙絵の気持ちを聞くよ。いま思っていることを全部話してごらん」

小学校から続けてきたハンドボールを愛《あい》している。でも、はじめたばかりの陸上も、つきつめてみたい。そんな気持ちをぶつけると、そのたびに、

「そうか、じゃあ、こんな道があるね。次はどうする？」

と、まるで交通整理をするように、心の流れをスムーズにしてくれました。

「やっぱりさ、最後《さいご》は沙絵がどうしていきたいかってことなんだよ。パラリンピックを目指すためには、練習もすごく大変《たいへん》だろうし、遠征《えんせい》も増《ふ》えて生活も落ちつかない。でも、世界を舞台《ぶたい》に走ることに魅力《みりょく》を感じているのも本心だよね。それを選《えら》ぶのは沙絵だ。ぼくは、自分で選んだ道を歩く沙絵を応援《おうえん》していくよ」

同じように日体大《にったいだい》でスポーツ選手《せんしゅ》として活躍《かつやく》していたからこそ、沙絵《さえ》の迷《まよ》いや気持ちを理解《りかい》してくれます。そして、そのうえで選手として世界に羽ばたこうとしている沙絵の背中《せなか》を、しっかりと押《お》しだしてくれたのでした。

二十三歳《さい》。初《はじ》めて出場したパラリンピックで銅《どう》メダルを獲得《かくとく》し、東京《とうきょう》パラリンピックに向けてますます活躍《かつやく》が期待される時期の結婚《けっこん》に、「いまは、競技《きょうぎ》に集中した方がいいのではないか」といった声もありました。それでも、沙絵は「いまこそ、結婚するときだ」と決断《けつだん》しました。ひとりの人間として、女性《じょせい》として、人生の大事な一歩をふみだしたのです。

「子どものころ、私《わたし》はずっとひとりで生きていくのだ、と思っていました」

そう、沙絵は振《ふ》りかえります。

「結婚している障《しょう》がい者を知る機会《きかい》がなかったから、私は結婚するはずがないと思いこんでいたんです。自分のことを〝障がい者〟だと思ったことはないはずなのに」

小学校や中学校で、友だちとあこがれのアイドルの話や、気になる男子のうわさ話をすることはたくさんありました。でも、男性《だんせい》が自分に恋愛感情《れんあいかんじょう》を抱《いだ》いてくれるイメージは、ずっと持てずにいたのです。

「小・中学生の女の子にとって、あこがれの対象《たいしょう》になるのは見た目がカッコいい人。それは男子から見ても同じことだろうと感じていたんですね」

右腕《みぎうで》が短い自分の見た目では、結婚《けっこん》できない。ずっとそう思いつづけていたのです。

そんな沙絵《さえ》が重本《しげもと》さんと結婚しようと思ったのは、ひとりの障《しょう》がいのある女の子との出会いがきっかけでした。それは、沙絵の講演会《こうえんかい》でのこと。小学校二年生の女の子が、講演会が終わった後、沙絵のもとにきて、

「ああ、私《わたし》ひとりじゃなかったんだ」

と、沙絵を見上げながら小さくつぶやきました。その瞬間《しゅんかん》、沙絵はキュッと胸《むね》がしめつけられました。

「私と同じだ。小学二年生だったころの私と、同じことを考えているんだ」

そう、感じたのです。

幼《おさな》いころ、沙絵は人とちがう自分にいつも「孤独感《こどくかん》」を抱《いだ》いていました。自

分の周《まわ》りに、自分と同じように腕《うで》の短い人はいない。だからいつも、腕が短いことでなやむのは、世界の中で自分だけのように感じていたのです。

「そうだよ。ひとりじゃないよ、一緒《いっしょ》だよ！」

沙絵《さえ》は、その女の子に声をかけました。

「きっと不便《ふべん》なことはいっぱいあるよね。でも、時間をかければなんでもできるようになるし、スポーツで世界を目指せるようになるかもしれない」

女の子は、にっこりと笑《わら》って沙絵を見つめました。

一方、沙絵が勇気《ゆうき》をもらうこともあります。後援会《こうえんかい》イベントでのことでした。沙絵は、片腕《かたうで》のないひとりの若《わか》いお母さんに出会いました。一本の腕だけで、まだ小さい赤ちゃんを愛《いと》おしそうに抱《だ》っこしています。

「そっか。腕に障《しょう》がいがあっても、この人みたいに自分の子どもを抱っこできるんだ！」

結婚《けっこん》と同じように、自分が母親になるイメージを持てていなかった沙絵は、新鮮《しんせん》なよろこびに包《つつ》まれました。

どんなことも自分で工夫《くふう》してできるようになってきたのに、結婚や赤ちゃんを産んで育てることについては、初めからあきらめてしまっていたことに気づいていたのです。

「知らないから、孤独《こどく》を感じてしまう。知らないから、できないと思いこんでしまう。でも、同じような人がこんなふうに工夫《くふう》しているよ、こんなふうに幸せに結婚《けっこん》したり、赤ちゃんを産んで育てているよ、ということがわかれば、目の前が大きく開けます。それを、私《わたし》自身が体験《たいけん》したんです」

メダリストとして人前で話をする機会《きかい》がとても多い沙絵《さえ》は、たくさんの人に自分の姿《すがた》を見てもらうことができます。それを生かさないのは、もったいない。障《しょう》がいがあっても、何かをあきらめることなく、幸せになる道があることを、もっと積極的《せっきょくてき》に伝《つた》えたい。

「そういう思いがあって。だからこそ、人前に立つ機会が多いいまのうちに、ちゃんと結婚して幸せになろうって思ったんです」

いつかは重本《しげもと》さんと結婚したいと思っていた沙絵が、その「いつか」を、「いま」に変《か》えたのは、こんな体験からでした。

みんなちがって、みんないい

陸上競技《りくじょうきょうぎ》の選手《せんしゅ》としてパラリンピックを目指す覚悟《かくご》を決めてから、沙絵《さえ》は自分が明らかに変化《へんか》してきたと感じています。

小学生の沙絵が、最新《さいしん》のスポーツブランドのファッションを、母にねだって買ってもらい身につけていたこと。ハンドボールをはじめてから、短い右腕《みぎうで》でも他の選手《せんしゅ》と同じように、あるいはそれ以上《いじょう》にがむしゃらに活躍《かつやく》することにこだわったこと。当時の沙絵は自覚《じかく》していませんでしたが、こうしたことはすべて、自分の短い右腕から、人の目を、自分の目をそらすことにつながっていました。

「私《わたし》は、みんなと同じ。どこにもちがいなんか、ない」

そう思わせて、自分を守る手段《しゅだん》だったのです。

しかし、パラアスリートとして世界に飛《と》びだした沙絵は、世界選手権《せんしゅけん》やパラリンピックに出場する、さまざまな障《しょう》がいがある選手に出会って、初《はじ》めて人と

〝ちがう〟ことを心から受けいれることができたのでした。沙絵《さえ》が自分の障《しょう》がいと本当の意味で向きあったのは、三歳《さい》の沙絵が、生まれたばかりの弟の姿《すがた》を見て「私《わたし》の右手は一生、生えてこないのだ」と自覚《じかく》して以来《いらい》のこと。でも、受けいれ方はまったくちがいます。

「もちろん、ハンドボールも、長く自分を夢中《むちゅう》にさせてくれた大事なものでした。けれど、パラ陸上《りくじょう》に出会ったことで、私は自分自身を、あるがままの状態《じょうたい》で受けいれることができるようになりました」

障がいといっても、その状態や程度《ていど》はさまざまです。パラスポーツでは同じ舞台《ぶたい》で戦《たたか》う人の中に、手や足にまひがある人、切断《せつだん》している人、視覚《しかく》障がいの人、車いすが必要《ひつよう》な人などがいます。さらに、同じ切断でも残《のこ》っている部分の長さがちがうなど、一見同じような障がいでも、人それぞれ状態は異《こと》なります。ちがう条件《じょうけん》の中で、自分にできることを最大限《さいだいげん》に生かして工夫《くふう》する。そうやって競《きそ》いあうことのすばらしさを知って、沙絵はようやく、自分をみとめることができるようになったのです。

「パラ陸上は、人生で大切なものを発見するきっかけを作ってくれました。自分にできること、できないことを受けいれて、それを表現《ひょうげん》する。それができるようになったおかげで、私《わたし》は自分をすごく好《す》きになりました」

沙絵《さえ》は、講演会《こうえんかい》などで話をするとき、最初《さいしょ》に片腕《かたうで》とひじを使ってくつヒモを結《むす》ぶことを体験《たいけん》してもらいます。

「一分以内《いない》にできるかどうか、ゲームみたいにやってもらうんです。そうすると、案外《あんがい》できちゃうことが多いです。一分以内にはできない人でも、二分だったらできるようになります。やってみれば、工夫次第《くふうしだい》でできることが、みなさんにわかってもらえるんです」

とはいえ、どうしてもできないこともあります。

「そんなときには、となりにいる人に手伝《てつだ》ってもらえばいいんです。得意《とくい》なこと、できること、できないことは、みんなちがう。となりの人や友だちと一緒《いっしょ》なら、自分ひとりでできないことも協力《きょうりょく》してできるようになりますよね」

そして、講演会の最後《さいご》には、必《かなら》ずいうことがあります。

「みなさん、ちょっととなりの人の顔を見てみてください」

知っている人も、知らない人もいます。大きな目の人や、ゲジゲジまゆげの人がいます。鼻が高い美人さんもいれば、大きな口を開けて笑《わら》う人もいます。そこには、いつも鏡《かがみ》に映《うつ》る自分の顔とは全然《ぜんぜん》ちがう顔があります。

「同じ〝顔〟といっても、みなさん、全員ちがいますよね。障《しょう》がいがあるかないかも、それと同じです。顔がちょっとずつちがうように、みなさんの腕《うで》は長いけれど、私《わたし》の腕はちょっと短いだけ。義足《ぎそく》の人もいるし、車いすの人もいます。でも、みんなちがって、それでいいんです」

　障がいがない人はふだん、ちがいがあることをあまり意識《いしき》せずに生活しています。でも、本当にちがいはないのでしょうか。鼻の大きさや形がちがう。背《せ》の高さや体重がちがう。それだけではありません。得意《とくい》なことがちがう。学校のクラスメートでも、足が速くてリレーの選手《せんしゅ》になる人もいれば、ピアノが上《じょう》手《ず》で発表会でたくさんの拍手《はくしゅ》をもらう人もいます。あるいは、絵を描《か》くのが好《す》きな人も、将棋《しょうぎ》で大人《おとな》を負かしてしまう人もいるでしょう。

　サッカーのレギュラーメンバーになった友だちを見れば「いいなあ」と思うし、書道で特選《とくせん》に選《えら》ばれた人の字を見ると「自分は字が下手《へた》だな」と感じます。

「人とくらべて自分が得意ではないこと、ダメな部分ばかりを見つめていると、どんどん自信《じしん》がなくなってしまいますよね。でも、何かひとつ、自分が大好《だいす》きなこと、夢中《むちゅう》になれることがあれば、自分を大好きになれる。それが、何より大事だなって思うんです」

人とくらべて足りないものについ目が向いてしまうのは、自分だけとは限《かぎ》りません。人とちがうことへの偏見《へんけん》に、傷《きず》つけられてしまう場合もあります。

「指が一本ないという理由でいじめを受けたという人の話を聞いたこともあります。また、車いすの人が、入り口に段差《だんさ》があったために行きたいレストランに入れなかったという話もききます。でも、それって、おかしいな、不公平《ふこうへい》だなと思いませんか?」

顔がそれぞれちがうことも、腕《うで》の長さがちがうことも、同じ〝ちがい〟としてみんながみとめあうことができれば、いじめられたり、傷つけあったりすることをへらしていくことができる。沙絵《さえ》は、そう信《しん》じています。

みんなちがって、みんないい。それが、沙絵の考える〝ちがい〟をみとめあう社会なのです。

四つの大切なこと

「共生社会《きょうせい》」という言葉を聞いたことがありますか。

みんながともに生きる社会、という意味です。沙絵《さえ》が考える共生社会は、

「だれもが笑顔《えがお》で暮《く》らせる社会」。

「私《わたし》たち障《しょう》がい者は、健常者《けんじょうしゃ》の前を歩く人のような感じなのかなと思うんです」

障がいがある人が歩ける道なら、だれもが安心してその後ろを歩いていけます。

「たとえば、車いすの人が移動《いどう》しやすいように街《まち》を整備《せいび》すれば、そこは高齢者《こうれいしゃ》やベビーカーを押《お》すお母さんが通りやすいルートになりますよね」

ある日、交通事故《じこ》や病気で義足《ぎそく》になったり、車いすで生活することになったりしても、そんなふうに街が整備されていれば、それまでとほとんど変《か》わらずに外出することができます。

「体の障《しょう》がいだけではありません。心のかべもなくなってほしい。外国人や女《じょ》性《せい》に対する差別《さべつ》は、まだまだ日本にもたくさんあります。それでは、だれもが笑顔《えがお》で暮《く》らしてはいけませんから。私《わたし》たちパラアスリートが、道を作っていけるんじゃないかな、と思っています」

小学校や中学校での講演《こうえん》で、沙絵《さえ》はいつも四つのことを伝《つた》えるようにしています。

ひとつ目は「何にでも挑戦《ちょうせん》してほしい」ということ。

何かやってみたいと思うときに、友だちですでに上手《じょうず》な人がいると、自分にはできないのではないか、としりごみしてしまうことがあります。

「最初《さいしょ》からあきらめないで、挑戦してみることがとても大事です。途中《とちゅう》でつまずいたら、ちょっとやり方を変《か》えることでできるようになることもたくさんあります。いつも挑戦する気持ちを持っていれば、前に進んでいけるのです」

ふたつ目は「感謝《かんしゃ》の気持ちをわすれないこと」。

学校に通えることにも、大好《だいす》きなスポーツができることにも「ありがとう」。

沙絵《さえ》が生まれたばかりのときに、周囲《しゅうい》の人から「おめでとう」という言葉をもらうことができなかった母が、沙絵がリオデジャネイロパラリンピックで銅《どう》メダルを獲得《かくとく》したときに、その分までみんなから「おめでとう！」といわれました。

「ああ、やっとみんなが沙絵のことを受けいれてくれたって。〝幸せにしてくれて、ありがとう〟って、母にいわれたんです。生まれたときに周《まわ》りが祝福《しゅくふく》してくれなくても、母は私《わたし》のことをほこりに思ってくれていました。母のおかげで、私は自分を卑下《ひげ》することなく、すごすことができたんです。その母に、たくさんの幸せを作ってくれて、ありがとうって」

そんな母の気持ちを聞いて、沙絵は涙《なみだ》をおさえることができませんでした。

「生まれてきてよかった。〝感謝《かんしゃ》〟は、母から受けつがれた、大事な心です。神様は、私にたくさんの試練《しれん》をあたえたけれども、それはすべて私を成長《せいちょう》させるものでした。本当にありがたいことだと感謝しています」

三つ目は、「人との出会いを大切にすること」。

中学のハンドボール部顧問《こもん》の小林礼《こばやしれい》先生や、パラ陸上《りくじょう》で指導《しどう》してくれている水野洋子《みずのようこ》先生など、沙絵《さえ》は心から尊敬《そんけい》できる指導者《しどうしゃ》に出会ってきました。先生だけではありません。苦しいときに支《ささ》えてくれ、一緒《いっしょ》によろこびを分かちあったチームメートとの出会いも、大切な宝物《たからもの》です。だれかがうれしいときには心から「おめでとう」といい、だれかがこまっていたりなやんでいたりすれば、その人の話にじっくり耳をかたむけます。出会った人たちに誠実《せいじつ》に接《せっ》することで、沙絵は成長《せいちょう》できたのだと実感しています。

最後《さいご》のひとつは、「みんなちがって、それでいい」。

パラアスリートの中には、卓球《たっきゅう》のナタリア・パルティカ選手《せんしゅ》のように、オリンピックにも出場する選手がいます。陸上競技《りくじょうきょうぎ》では、ひざ下義足《ぎそく》のマルクス・レームというドイツの男子選手が、二〇一五年に走り幅跳《はばと》びで八メートル四〇※という、ロンドンオリンピックの金メダリストの記録《きろく》を超《こ》える、パラ陸上の世界記録《きろく》を樹立《じゅりつ》しました。

将来的《しょうらいてき》に、オリンピックとパラリンピックが同じ会場で同じときに行われるようになったらいいのではないか。最近《さいきん》では、そんな意見も聞かれるようになりました。

※2018年7月、日本で行われた大会で8メートル47を跳《と》び、記録《きろく》を更新《こうしん》した。

「それも、ひとつの理想の形だと思います。でも、実際《じっさい》にはむずかしい。レーサー（競技用車《きょうぎよう》いす）の人と、オリンピックの選手《せんしゅ》は、同じトラックで一〇〇メートルの競走《きょうそう》をすることはできません。パラリンピックでも、障《しょう》がいの状態《じょうたい》や程度《ていど》によって細かいクラス分けがあります。障がいのちがいを無視《むし》して競走すると、公平性《こうへいせい》や競技としての意味が失《うしな》われてしまうんです」

パラ陸上《りくじょう》をはじめたばかりのころ、沙絵《さえ》は一般《いっぱん》の陸上競技大会に出場し、そこで健常者《けんじょうしゃ》の選手と戦《たたか》って勝つことを目標《もくひょう》にしていた時期がありました。

「以前《いぜん》は、オリンピックで、障がいのある選手が健常者の選手に勝つことができたら、障がい者やパラスポーツのイメージが大きく変《か》わるかもしれないって思っていたんです」

でも、いまはちがう、と首を振《ふ》ります。

「張《は》りあう必要《ひつよう》はありません。障がいのある選手も、ない選手も、それぞれのステージで努力《どりょく》してきた成果《せいか》を出せばいい。そこには、なんのちがいもないんです」

無理《むり》に何もかも同じに考えることは、ちがいをみとめあうことではない、と。

「みんなちがって、それでいい」

そのことを、沙絵《さえ》はパラスポーツを通じて強調していきたいと思っています。

二〇二〇年に開催《かいさい》される東京《とうきょう》オリンピック・パラリンピック。沙絵はパラリンピックに出場し、金メダルを獲得《かくとく》したいと毎日トレーニングを続《つづ》けています。同時に沙絵は、パラリンピックが終わった後の日本で、どんな未来《みらい》を作っていけるだろう、そのときにどんな力になれるだろうと、ワクワクしています。

「アスリートとしてだけでなく、ひとりの人間として」

障《しょう》がいのある、なし。男性《だんせい》と女性。日本人と外国人。広い世界の中には、さまざまな〝ちがい〟があります。

「パラリンピックやパラアスリートは、〝ちがい〟を超《こ》えるきっかけになれる。そして東京パラリンピックは、日本が共生《きょうせい》社会にふみだす大きな転換点《てんかんてん》になるのではないか、と思っています」

その大事なパラリンピックに出場して、みんなが応援《おうえん》している目の前でメダルを獲得できたら……。

「幸せですよね。リオの表彰台《ひょうしょうだい》で、神様がチラッて見せてくれた、もっと先にある大きなよろこびの光景《こうけい》。それこそが東京《とうきょう》パラリンピックの舞台《ぶたい》であり、その先の未来《みらい》です」

沙絵《さえ》の心は、もう、走りだしています。東京オリンピック・パラリンピックに向けて。そして、その先の新しい日本に向けて。

おわりに

最初《さいしょ》に重本沙絵《しげもとさえ》選手《せんしゅ》をトラックで見たのは、二〇一五年のこと。まだ競技用《きょうぎよう》の義手《ぎしゅ》をつけておらず、右腕《みぎうで》のところに雑貨屋《ざっかや》さんで購入《こうにゅう》したという細長いドリンクボトルのような容器《ようき》を置いて、クラウチングスタートをしていました。かわいらしい工夫《くふう》に目をうばわれたものです。

しかし、まっすぐにゴールを見つめる重本選手のまなざしは、まさにアスリート。取材《しゅざい》する立場をわすれてレースに夢中《むちゅう》になりました。

「陸上《りくじょう》競技に転向したばかりなので、あらゆることに挑戦中《ちょうせんちゅう》です」

レースの後、流れる汗《あせ》をぬぐいもせず、重本選手は力強くそう語っていました。

この本の中でも紹介《しょうかい》されているように、障《しょう》がい者といっても、さまざまな人がいます。重本選手と同じように片方《かたほう》の腕がないという選手でも、手首から先がない人、肩《かた》の近くからない人など、状態《じょうたい》や程度《ていど》は一人ひとりちがいます。だから、同じようにパラリンピックで金メダルを目指していても、練習への取りくみ方や工夫《くふう》はそれぞれ異《こと》なるのです。

重本選手《しげもとせんしゅ》は現在《げんざい》、陸上競技《りくじょうきょうぎ》のレースでは競技用の義手《ぎしゅ》を使いますが、義手を使わない、あるいは義手とはちがう装具《そうぐ》を使用する選手もいます。性能《せいのう》の高い義手があっても、すべての選手に合うとは限《かぎ》りません。どんな走り方をすればタイムが出せるのか。どんな練習や取りくみをしていけばいいのか。自分の体と向きあい、一人ひとりが工夫と努力《どりょく》を重ねていくのです。

パラリンピックの陸上競技には、細かいクラス分けがあります。そこが、一《いっ》般《ぱん》の陸上競技と異《こと》なるため、ちょっとだけわかりにくく感じてしまう人もいるかもしれません。でも、こんなふうに考えてはどうでしょう。

柔道《じゅうどう》には体重別《たいじゅうべつ》の階級があります。四十八キロまでの体重の人同士《どうし》で戦《たたか》う階級、百キロを超《こ》える体重の人同士で戦う階級。そして、体重別の階級ごとに金メダルがあります。階級があることで、選手の公平性《こうへいせい》を確保《かくほ》し、白熱《はくねつ》した試合《しあい》がくりひろげられるのです。パラリンピックのクラス分けは、柔道の体重別の階級と似《に》ている、と思いませんか。

誤解《ごかい》をおそれずにいえば、「障《しょう》がいはひとつの個性《こせい》」だと思っています。腕《うで》は短いけれど、重本選手《しげもとせんしゅ》は子どものころから足が速かった。それを生かして、いま、障がい者の陸上競技《りくじょうきょうぎ》に取りくんでいます。いまある自分の体と向きあい、自分の長所をみがいていく。そこにこそ、障がい者スポーツの大きな魅力《みりょく》があると思います。


この本を書くにあたり、重本沙絵《さえ》選手、重本選手を指導《しどう》する水野洋子《みずのようこ》先生には貴重《きちょう》な時間をいただき、すばらしいお話をしていただきました。また、さまざまな取材《しゅざい》を通して、たくさんの人から重本選手が愛《あい》され、応援《おうえん》されていることを感じています。取材を受けていただいたすべての方に感謝《かんしゃ》いたします。本当にありがとうございました。

重本選手は、「自分が挑戦《ちょうせん》したいと思うことをあきらめないでほしい」と強調しています。挑戦したいことは、人によってちがいます。やってみたい、続《つづ》けたいと思うことがあったら、どんどん挑戦してほしい。途中《とちゅう》でつまずくことがあるかもしれません。でも、少しだけ見方や取りくみ方を変《か》えることで切りひらいていけます。つまずきを乗りこえたら、その先にはもっと大きな世界が広がることでしょう。

水野《みずの》先生も、読者のみなさんには自信《じしん》を持ってほしいといいます。好《す》きなことに夢中《むちゅう》になって取りくむことで、自分の工夫《くふう》がやがて自分の力になります。その経験《けいけん》は、他のだれのものでもない、あなた自身のものなのです。

ちがいをみとめあうこと。それが、みんなが幸せになれる近道なのだと重本《しげもと》選手《せんしゅ》は語っています。パラリンピックに挑戦《ちょうせん》する重本選手の姿勢《しせい》や生き方を通じて、そのことを感じていただけたら、うれしいです。

なお、本の中では敬称《けいしょう》を省略《しょうりゃく》させていただいたところがあります。ご了承《りょうしょう》ください。

二〇一八年八月吉日《きちじつ》

宮崎《みやざき》恵理《えり》

重本沙絵選手《しげもとさえせんしゅ》のあゆみ

西暦《せいれき》	年齢《ねんれい》	できごと
1994（平成《へいせい》6）年		10月28日　北海道七飯町《ほっかいどうななえちょう》に生まれる
2001（平成《へいせい》13）年	7歳《さい》	4月　七飯町立大中山《ななえちょうりつおおなかやま》小学校に入学
2004（平成《へいせい》16）年	10歳《さい》	4月　函館市立鍛神《はこだてしりつたんしん》小学校に転校
2005（平成《へいせい》17）年	11歳《さい》	4月　鍛神《たんしん》小学校ハンドボール部に入部
2007（平成《へいせい》19）年	13歳《さい》	4月　函館市立本通《はこだてしりつほんどおり》中学校に入学、女子ハンドボール部に入部
2010（平成《へいせい》22）年	16歳《さい》	4月　茨城県立水海道第二《いばらきけんりつみつかいどうだいに》高等学校に入学、女子ハンドボール部に入部
2013（平成《へいせい》25）年	19歳《さい》	4月　日本体育《にっぽんたいいく》大学に入学、女子ハンドボール部に入部
2015（平成《へいせい》27）年	21歳《さい》	2月　ハンドボールと陸上部《りくじょうぶ》の二足のわらじをスタート
		7月　関東身体障害者陸上競技選手権《かんとうしんたいしょうがいしゃりくじょうきょうぎせんしゅけん》大会、女子一〇〇メートル（T《ティー》47）で、日本記録《きろく》で優勝《ゆうしょう》

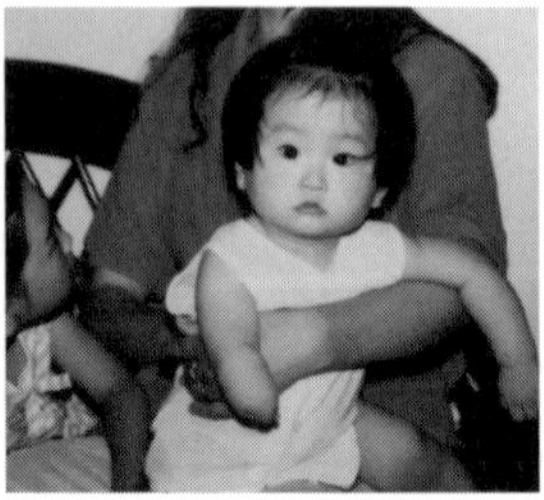

陸上《りくじょう》

同月　日本《にほん》パラ陸上競技選手権《りくじょうきょうぎせんしゅけん》大会、女子一〇〇メートル（T《ティー》47）で2位《い》

10月　ドーハ（カタール）の世界《せかい》パラ陸上競技選手権《りくじょうきょうぎせんしゅけん》大会、女子一〇〇メートル（T《ティー》47）で6位入賞《いにゅうしょう》

11月　ハンドボールの大学選手権《せんしゅけん》を最後《さいご》に、陸上《りくじょう》一本にしぼることを決意

2016（平成《へいせい》28）年　22歳《さい》

3月　ドバイ（アラブ首長国連邦《しゅちょうこくれんぽう》）の国際大会《こくさいたいかい》・IPC《アイピーシー》グランプリ、女子四〇〇メートル（T《ティー》47）で優勝《ゆうしょう》。リオパラリンピックへの出場権《しゅつじょうけん》を得《え》る

9月　リオパラリンピック、女子四〇〇メートル（T《ティー》47）で3位《い》、銅《どう》メダルを獲得《かくとく》

2017（平成《へいせい》29）年　23歳《さい》

4月　日本体育大学《にっぽんたいいくだいがく》大学院に進学

7月　ロンドン（イギリス）の世界パラ陸上競技選手権《りくじょうきょうぎせんしゅけん》大会、女子四〇〇メートル（T《ティー》47）で3位《い》、銅《どう》メダル獲得《かくとく》

2018（平成《へいせい》30）年　24歳《さい》

1月28日　結婚《けっこん》して、苗字《みょうじ》が重本《しげもと》になる

写真提供：越智貴雄／カンパラプレス

重本沙絵　しげもと さえ

1994年、北海道七飯町生まれ。小学生のときからハンドボール選手として競技にはげむ日々をおくる。日本体育大学2年生の冬、陸上競技と出会い、ハンドボールとの二足のわらじをスタート。翌年から、陸上選手一本にしぼることを決意する。以降は、2016年のリオデジャネイロパラリンピック銅メダル、2017年のロンドン世界陸上銅メダルなど、輝かしい活躍をみせる。

宮崎恵理　みやざき　えり

スポーツジャーナリスト。東京都生まれ。出版社勤務を経て、フリーになる。1998年の長野パラリンピックから障害者スポーツの取材にたずさわり雑誌を中心に執筆。著書に『心眼で射止めた金メダル』（新潮社）、『希望をくれた人』（協同医書出版社）がある。日本スポーツプレス協会、国際スポーツプレス協会会員。

カバー・口絵写真　越智貴雄（カンパラプレス）
取材協力・写真提供　株式会社日体サービス
編集協力　松尾里央、石川守延（株式会社ナイスク）
川北真梨乃
ブックデザイン　岩田里香（ポプラ社デザイン室）

ポプラ社ノンフィクション32 ～スポーツ～
みんなちがって、それでいい
パラ陸上から私が教わったこと

2018年8月 第1刷発行 2019年4月 第2刷

著者 宮崎恵理
監修 重本沙絵
発行者 千葉 均
編 集 小林夏子
発行所 株式会社ポプラ社
〒102-8519 東京都千代田区麹町4-2-6 8・9F
電話（編集）03-5877-8108 （営業）03-5877-8109
ホームページ www.poplar.co.jp
印 刷 共同印刷株式会社
製 本 株式会社若林製本工場

ISBN978-4-591-15945-3 N.D.C.916 198p 20cm Printed in Japan
P4047032